ESQUISSE GÉNÉRALE

D'UNE

NOUVELLE ORGANISATION

DE L'ARTILLERIE.

PARIS. — IMPRIMERIE DE BOURGOGNE ET MARTINET,
RUE JACOB, 30.

ESQUISSE GÉNÉRALE

D'UNE

NOUVELLE ORGANISATION

DE L'ARTILLERIE,

PAR LE LIEUTENANT-COLONEL DE BREITHAUPT,

TRADUITE DE L'ALLEMAND

PAR LE GÉNÉRAL Bon RAVICHIO DE PÉRETSDORFF,
ATTACHÉ AU MINISTÈRE DE LA GUERRE.

PARIS,

A LA DIRECTION DU SPECTATEUR MILITAIRE,
RUE DE L'UNIVERSITÉ, N° 23.

1837.

PRÉFACE

DU TRADUCTEUR.

La théorie de l'artillerie, pour être utile et faciliter les progrès de cette arme, doit s'appuyer sur des expériences nombreuses et bien faites. Depuis la paix on s'est beaucoup occupé en France d'en varier le nombre et le but. Malgré les lumières qu'elles ont jetées sur cette théorie, elles sont loin d'embrasser toutes les considérations qui en font l'objet. Les travaux que les Allemands ont faits de leur côté, pendant la même époque, bien qu'ils soient souvent la répétition des nôtres, n'en sont pas moins utiles à connaître par les conséquences qu'ils en ont tirées, et par le point de vue sous lequel ils les ont entrepris. Une foule d'ouvrages les contiennent, et il serait à désirer qu'on réunît dans un seul tout ce qu'ils présentent de plus intéressant. Mais en attendant qu'on s'occupe d'un travail aussi considérable, nous avons pensé rendre un service essentiel à l'artillerie française, en publiant la traduction de cet opuscule, qui nous a paru offrir un double intérêt : le premier par les expériences qu'il contient sur le tir à balles, expériences que l'on a rarement faites en France, et qui laissent un vide considérable sur la théorie du tir des bouches à feu; le second, par les idées que l'auteur développe sur un nouveau système d'artillerie, et qui, bien qu'elles ne soient pas neuves, et qu'elles soient sujettes à beaucoup de discussions, n'en méritent pas moins d'être connues et de fixer l'attention des hommes du métier. Etre utile est notre but unique; nous l'aurons atteint si l'on juge favorablement cet ouvrage.

AVANT-PROPOS.

Les vues développées dans cet écrit sur une nouvelle organisation d'artillerie, proviennent de la comparaison du système *Gribeauval*, sous le rapport mécanique et tactique, avec celui qui est adopté en Angleterre; et des résultats d'expériences faites à Mayence en 1828, comparés à ceux qui ont été obtenus dans les exercices de tir, sous le rapport de l'effet et de la mobilité des bouches à feu, soit de campagne, soit de siége et de place, soit des fusées incendiaires. Elles ressortent encore des considérations que l'on en a tirées pour l'organisation de l'armée de la Confédération germanique.

Comme les sciences exactes font tous les ans de nouveaux progrès et que tous les ans on recueille de nouvelles expériences, une organisation de l'artillerie ne peut jamais répondre parfaitement à la nouvelle théorie qui en résulte. Par cette raison on ne cherche pas à en répandre une qui tendrait à faire condamner ce qui existe. Mais on doit l'examiner et la discuter, parce que des discussions scientifiques ressortent des données précieuses qui peuvent fournir des idées plus exactes.

Un examen approfondi de cet opuscule et surtout des résultats d'expériences qu'il contient, résultats dégagés de tous préjugés, sera d'autant plus agréable à l'auteur, que cette esquisse doit, avec ses autres écrits, servir de base à un travail plus important sur l'artillerie.

INTRODUCTION.

L'artillerie se partage, suivant la destination de ses bouches à feu, en artillerie de campagne, de siége et de place (1). La première emploie les canons de 3, 4, 6, 8, 9 et 12 livres de boulet, et des obusiers de 7, 8 et 10 livres (stein); et selon que les canonniers qui la servent sont montés ou à pied, elle se subdivise en artillerie à cheval, artillerie montée ou carrossable, et artillerie à pied. Celle-ci se distingue encore en artillerie légère et en artillerie pesante, suivant l'espèce de bouches à feu qu'elle sert.

L'artillerie légère à pied, comme l'artillerie à cheval et l'artillerie montée, ne sert que des canons du calibre de 6 et au-dessous, et par exception des canons de 9 et des obusiers ordinaires. L'artillerie pesante à pied (*Fussgehende*) sert les canons de 9 et de 12 et les obusiers de 10 livres. Elle sert aussi l'artillerie de siége et de place, et les canons pesants et longs de 12, 16, 18 et de 24; les obusiers pesants de 7, 8 et de 10 livres, et les mortiers de 15, 20, 30, 50 et 60 livres.

Trouver parmi ces diverses bouches à feu de calibres si rapprochés, soit de l'artillerie de campagne, soit de l'artillerie de siége et de place, une pièce construite d'après la nouvelle théorie, qui soit un terme moyen

(1) Et de côte.

entre ces dernières, qui réponde à toutes les exigences du service de campagne, de siége et de place, et qui, combinée avec le service des fusées incendiaires, simplifie autant que possible le service et l'instruction des artilleurs ; tel est le but de l'auteur dans la composition de cet écrit.

PREMIÈRE SECTION.

MOBILITÉ ET EFFETS DE L'ARTILLERIE.

§ Ier.

Mobilité et effets de l'artillerie de campagne.

Un combat de bouches à feu de campagne qui aurait lieu à plus de 1,200 pas de distance (1) n'aurait aucun résultat décisif; l'expérience des dernières campagnes ainsi que les exercices de paix des années suivantes, l'ont suffisamment prouvé.

Mais l'artillerie promet déjà un résultat efficace à la distance de 600 pas, distance à laquelle les armes à feu portatives n'ont d'effet que par le plus grand hasard. Par conséquent l'on n'a aucune raison de se placer, dans un combat contre les autres armes, à plus de 6 à 800 pas, selon la nature du terrain et la position de l'ennemi.

Par suite de cette vérité, il a été reconnu, dans les écrits classiques les plus récents, que la distance de 1,200 pas devait être considérée comme la limite extrême, pour le bon effet de l'artillerie de campagne, attendu que le tir à ricochet qui peut encore produire quelque résultat à une plus grande distance, est rare-

(1) Le pas prussien est de 0m,75.

ment favorisé par le terrain, et que, même dans ce cas comme dans les circonstances les plus favorables, il est très incertain. Mais cette espèce de tir, d'après les principes reçus, n'est employée que lorsque l'infanterie et la cavalerie ne peuvent être battues efficacement avec des bouches à feu à une distance de plus de 6 à 800 pas au plus, et que le terrain favorise d'ailleurs les ricochets.

D'un autre côté, comme le fusil d'infanterie n'est encore d'aucune efficacité à la distance de 300 pas, le jeu de l'artillerie de campagne sera limité entre 300 et 1,200 pas.

Il peut arriver qu'un ennemi résolu, qui par sa supériorité ne craint pas dans le choc la perte des premiers rangs, pousse sa charge jusque sur les pièces. Il peut encore être alors foudroyé avec vigueur jusqu'à la distance de 3 à 400 pas, et à cette distance il restera encore assez de temps à l'artillerie pour remettre les avant-trains, se porter en arrière, et agir dans les limites de son efficacité. Mais pour abréger autant que possible le temps nécessaire à ce mouvement et par là diminuer les pertes de l'artillerie pendant qu'elle ne combat point, et enfin pour augmenter son effet, on a posé dans les derniers temps le principe suivant : l'artillerie doit avoir la plus grande mobilité, et produire *seulement l'effet nécessaire.*

Ce principe n'est cependant pas encore convenablement appuyé par les raisons qui précèdent. Car il reste à savoir si les bouches à feu sont construites d'après des règles uniformes. S'il en était ainsi, la différence de temps nécessaire pour remettre des canons de 12 et de 6 sur leurs avant-trains, surtout sur place, serait-elle si peu de chose? D'un autre côté, le mouvement peut avoir lieu avec une égale promptitude avec l'un et l'autre, à de faibles distances, comme, par exemple, jusqu'à la ligne de bataille, soit en avant, soit en arrière.

L'objet pour lequel l'artillerie de campagne doit jouir de la plus grande mobilité est principalement les opérations stratégiques, qui, d'après l'histoire, ont produit les plus brillants résultats; il ne faut pas qu'elle y mette obstacle. C'est pour cela que la promptitude de ses mouvements est indispensable. Ainsi, elle répondra d'une manière satisfaisante à toutes les exigences, lorsqu'elle aura dans ses mouvements la même persévérance et la même durée que les autres armes.

MOBILITÉ.

Jusqu'à présent, on n'a pris en considération, dans les bouches à feu et les caissons à munitions qui les suivent, que leur poids; et l'on a calculé sur cela l'attelage qui leur convenait, sans s'occuper de la construction mécanique des pièces et des caissons, construction qui peut être telle qu'une voiture plus pesante puisse exiger pour le mouvement moins de tirage qu'une plus légère.

C'est donc à l'expérience et à la théorie à déterminer le tirage qui peut convenir à un cheval d'attelage d'artillerie, afin que le matériel de campagne puisse répondre aux exigences du service.

La comparaison du système anglais avec celui de Gribeauval corrigé (1) sous le rapport de la construction mécanique, a prouvé que l'emploi de roues de l'avant-train aussi hautes que celles de derrière et par

(1) L'auteur veut sans doute dire le système de l'an II.

là la répartition plus uniforme de la charge sur les deux essieux, diminuait essentiellement la force de tirage nécessaire pour mettre en mouvement une voiture qui est dans l'état de repos; ce qui ressort, au reste du tableau suivant (1).

ESPÈCES de bouches à feu et caissons à munitions.	Force de tirage sans y comprendre le transport des canonniers		DIAMÈTRE des ROUES		Diamètre moyen des fusées d'essieu dans les deux systèmes.	
	Sur une plate-forme horizont.	Sur des prairies horizontales.	de devant.	de derrière	Essieu de devant.	Essieu de derrière
	Livres.	Livres.	Pouces.	Pouces.	Pouces.	Pouces.
Canon de 6 de Gribeauval pesant 3,371 liv. avec la voie de $4\frac{1}{2}$ pieds et 24 coups dans le coffret de l'avant-train.	81	228	37	51	1.72	1.96
Canon de 6 anglais pesant 3,216 liv. avec la voie de 5 pieds et 32 coups dans le coffret de l'avant-train.	61	181	51	51	1.9	2.29
Caisson à munitions anglais pesant 3,386 liv. avec $4\frac{1}{2}$ de voie et 120 coups.	69	174	51	51	2.06	2.06

Dans le système anglais, les points d'appui se trouvent rapprochés autant que possible, et il est clair que le seul lien qui réunit les deux trains, non seulement diminue les ébranlements que ces derniers reçoivent les uns des autres, mais encore facilite l'opération d'ôter et de remettre l'avant-train, opération des plus essentielles. Cela est d'autant plus évident que la crosse de l'affût est légère, qu'elle doit être élevée d'un pied et demi moins haut que dans le système Gribeauval,

(1) Les résultats obtenus en France avec le canon de 8 et l'obusier de 24, confirment ceux qui sont présentés dans ce tableau. T.

et que le crochet et l'anneau lunette sont toujours visibles en dessus, tandis que dans ce dernier ces deux pièces ne se voient qu'en dessous.

Cette combinaison si simple pour la réunion des deux trains, dans le système anglais, fait encore que ces voitures souffrent moins dans le mouvement que celles du système Gribeauval, et que les munitions qu'elles portent s'y conservent mieux. Ce dernier avantage est confirmé par le fait suivant.

Une batterie d'artillerie à cheval hanovrienne ayant des canons du calibre de 9, remit son matériel et ses munitions dans les magasins d'artillerie, après avoir fait la campagne de 1815 et passé trois ans en cantonnement en France avec un corps d'occupation, où elle s'exerçait régulièrement deux fois par semaine sans décharger ses munitions; ces dernières se trouvèrent encore dans le meilleur état quoiqu'elle eût fait de longues marches avant de prendre ses cantonnements et une fort longue route pour revenir.

L'avantage essentiel que procurent, dans le système anglais, les roues d'égale hauteur, ne se borne pas à ce que nous venons de dire; on y trouve encore la simplicité réunie à la souplesse des mouvements des voitures, ce qui n'a pas lieu dans le système Gribeauval, avec ses roues de devant plus basses, et sa voie plus étroite (1). Outre cela, le versement de la voiture est moins à craindre dans le premier système.

Dans des expériences comparatives faites entre ces deux espèces de voitures, on a reconnu, sous le rap-

(1) La voie anglaise n'est pas plus large que celle du système Gribeauval; car celle-ci est de 56 po. 6 lig. et celle des Anglais 56 po. 5 à 8 lig.

port tactique, que, dans un terrain mou, les roues s'enfoncent d'autant moins et enlèvent d'autant moins de terre qu'elles sont plus grandes, qu'elles franchissent dans la même proportion plus facilement les fossés, et que, malgré leur peu de disposition à verser à cause de la largeur de la voie, elles n'en passent pas moins dans tous les chemins creux où les autres avec leurs roues basses de devant peuvent pénétrer.

Quant à la manœuvre de la pièce, il est évident que les affûts construits d'après le système anglais exigent moins d'efforts de la part des canonniers que ceux du système Gribeauval. Le premier réunit donc à l'avantage de porter plus de munitions, une composition plus simple dans son ensemble; une plus grande mobilité et une manœuvre plus facile. Il doit donc être préféré sous ces derniers rapports au système Gribeauval.

Mais à côté des avantages essentiels que ce système réunit sur l'autre, se trouvent les inconvénients de la limonière, inconvénients qu'il faut faire disparaître si l'on ne veut pas balancer ses avantages par des vices dangereux (1).

Si l'on veut adopter le système anglais, il faut donc

(1) Le remplacement de la limonière de l'artillerie anglaise a donné lieu à une multitude d'inventions parmi lesquelles on doit remarquer les suivantes :

1° Un arc mobile servant de sassoire (*Tragbogen*) attaché à la sellette de l'avant-train (*Protzgestell*). fixé au corps de l'affût par un crochet mobile, ce qui établissait un contre-poids au timon;

2° Une flèche (*Langbaum*) qui se meut autour d'une cheville fixée à a sellette. Elle servait également à soutenir le timon.

Cette flèche est de l'invention d'un capitaine qui, pour ce fait, fut promu au grade de chef de bataillon;

3° Un colleron au moyen duquel le timon est soutenu à la hauteur du

se familiariser d'abord avec la limonière. Mais l'habitude des voitures d'un pays parlera contre le système anglais.

Dans les campagnes de 1812, 1813, 1814 et 1815, que l'auteur a faites comme commandant de l'artillerie à cheval, l'expérience lui a appris que l'affût de 6, construit d'après le système de Gribeauval avec des essieux en bois, dont le poid total était de 27 à 30 quintaux, et qui exigeait un poids de 112 livres pour être mis en mouvement sur une plate-forme horizon-

poitrail des chevaux, par un assemblage de courroies fixées à ce même poitrail.

Ce colleron est de l'invention d'un sergent de l'artillerie française qui reçut pour cela une gratification de 1,500 francs.

Quoique les deux premières dispositions fournissent un moyen de faire équilibre au timon, elles ont le désavantage de faire frotter considérablement la lunette contre la clef du crochet de l'avant-train; c'est pour cela qu'on a préféré le colleron dans l'artillerie française, qui ne pouvait s'accommoder de la limonière (*).

D'après ce qu'on voit dans le *Journal général militaire*, n°s 31 et 32 de l'année 1829, il paraît que le remplacement de la limonière par le timon dans l'artillerie de Hesse-Darmstadt a obtenu un bon résultat.

En même temps, de nouvelles expériences faites dans l'artillerie de Wurtemberg ont prouvé que le matériel Gribeauval peut acquérir la même légèreté que le matériel anglais, puisqu'un canon de 6, corrigé d'après ces principes avec un coffret contenant 32 coups, ne pèse pas plus de 5,215 livres (**).

Les mêmes expériences ont aussi prouvé que lorsque la charge d'une voiture est également répartie sur les deux trains, la différence dans les diamètres des roues et des fusées n'apportait qu'une augmentation de 15 livres dans la force nécessaire pour communiquer le mouvement à cette voiture, comparée à un affût de 6 anglais Par conséquent cette disposition est favorable au matériel de l'artillerie légère. A.

(*) On a préféré le colleron parce qu'il laisse une plus grande indépendance aux deux trains, qu'il ne gêne en rien l'opération d'ôter et de remettre l'avant-train. T.

(**) Il y a sans doute une erreur d'impression, c'est 3,215 livres qu'il faut lire. T.

tale, attelé de six chevaux, ne répondait point à toutes les exigences du service, car il ne pouvait suivre tous les mouvements de la cavalerie, surtout dans ses marches forcées, comme je l'ai déjà dit dans mon traité du matériel d'un système d'artillerie, pages 45 et 46 (1).

D'après ce que nous avons vu sur la force mécanique de tirage, la charge de la voiture devra être basée sur les proportions suivantes :

Affût de 6 avec son canon.

Système anglais	=	100 : 1,8.
Système Gribeauval		100 : 2,5.
Caisson anglais	=	100 ; 2,0.

Il suit de là qu'une voiture aura toute la mobilité nécessaire lorsque la charge sera à la force de tirage dans le rapport de 100 à 2 ; ou bien lorsqu'une voiture qui devra être attelée de 6 chevaux, n'exigera pas, pour être mise en mouvement sur une plate-forme horizontale, une force équivalente à plus de 60 à 72 liv. (2).

Mais, d'un autre côté, il ne faut pas donner à l'attelage d'une voiture de campagne plus de force qu'il ne lui en faut, si l'on ne veut pas embarrasser les mouvements de l'infanterie, surtout dans ses opérations stratégiques. Combien, depuis soixante dix ans, l'infanterie n'a-t-elle pas gagné en mobilité? On peut s'en faire une idée par les exemples suivants.

(1) Nous nous proposons de donner la traduction de cet excellent ouvrage, particulièrement intéressant pour les jeunes officiers d'artillerie. T.

(2) Cette donnée ne peut pas servir, car rien n'est plus variable qu'une force de tirage évaluée sur une plate-forme horizontale. Elle dépend de tant de circonstances, que l'expérience faite sur la même voiture, dans deux lieux différents ou même à différentes heures du jour, donne des résultats fort éloignés. T.

En 1758, le corps du duc *Ferdinand de Brunswick* mit 22 heures, c'est-à-dire 3 jours de marche pour aller de *Butta* à *Bergen*, et encore dans cette marche modérée, il n'y eut que les canons de régiment qui suivirent.

En 1809, la division De Wrède parcourut le chemin de *Lintz* à *Vienne* en 54 heures (quatre jours de marche) et le 8e régiment d'infanterie bavaroise fut de *Mondsée* à *Lintz* en 30 heures (deux jours).

En 1812, la compagnie de voltigeurs français attachée à la brigade de cavalerie du général *Beurmann*, fut de *Kalwary* à *Kowno*, où elle arriva en même temps que cette dernière. Cette infanterie parcourut donc avec la cavalerie, en 15 heures, un espace qui en demande 22, et encore par de mauvais chemins.

EFFET.

Les dernières guerres ont prouvé que pour l'artillerie légère de campagne, les canons de 6 et les obusiers de 7 livres stein (1), et quelquefois les canons de 9, sous le rapport de la mobilité, et que pour l'artillerie de position, les canons de 12 et les obusiers de 10 livres stein, étaient les plus convenables et les mieux appropriés aux diverses circonstances du service.

Les expériences faites à Mayence en 1828 ont prouvé que le canon de 24 court remplaçait parfaitement les

(1) En France, il n'existe pas d'artillerie légère de campagne, et l'expérience des mêmes guerres n'a pas engagé les Français à en créer, ni à adopter le calibre de 6, sur lequel les opinions sont encore fort partagées. T.

obusiers de campagne, comme on le voit dans le tableau suivant. Et ce qu'il y a de satisfaisant, c'est que les fusées des obus s'allumèrent aussi bien dans les canons que dans les obusiers et brûlèrent aussi uniformément.

COMPARAISON

des canons de 24 courts avec les obusiers de 7 et de 10 liv., et les mortiers de 7 liv. sous le rapport du tir des obus.

ESPÈCES de BOUCHES A FEU.	Nomb. de tirs.	Charge en loth.	Degrés d'élévation.	Ont atteint le but. Petit.	Ont atteint le but. Grand.	Il suit de là que la probabilité d'atteindre le but est dans le rapport suivant.
A la distance de 800 pas.						
Obusier de 7 liv. (Expériences de Mayence).	15	10	17	2	2	0,26
Canon de 24, de 12 calibres de longueur (id).	15	10	14	2	4	0,40
Mortier de 7 liv. (id.).	15	$8\frac{1}{7}$	45	5	7	0,80
A la distance de 600 pas.						
Obusier de 7 liv. (Expériences de Mayence).	10	7	20	2	4	0,60
Canon de 24, de 12 calibres de longueur (id.).	16	7	15	6	7	0,80
Mortier de 7 liv.	15	$6\frac{3}{4}$	45	7	7	0,93

Pour ces expériences, on a tracé deux carrés qui avaient l'un 50 pas de côté, et l'autre 75, et tous deux un centre commun. On a élevé sur les côtés, en avant et en arrière du grand carré, deux filets hauts de 7 pieds chacun, formés avec de la ficelle tendue dans le sens de sa longueur et dont les brins étaient écartés l'un de l'autre d'un demi pied.

Les coups qui portèrent sur le filet placé en avant, ne furent pas considérés comme bons. Mais ceux qui touchèrent le filet de derrière, ou qui, sans avoir touché celui de devant, restaient sur place dans le carré, furent regardés comme satisfaisants.

D'après les résultats de ces expériences il a été reconnu que pour les canons de 24 courts, la charge la plus convenable pour lancer des boulets était de 4 livres de poudre, et pour lancer des obus 2 livres 1/2. Quant au tir à obus, on obtint les résultats suivants :

Canon de 24 court, tiré avec une charge de 2 liv. 1/2, portée,

Pointé horizontalement,	351 pas.
Idem de but en blanc,	695.
Idem avec 4° 55' d'élévation,	1467.

Obusier de 7 liv. tiré avec une charge de 13 loth.

Pointé horizontalement,	291 pas.
Idem de but en blanc 1° 18,	685.
Idem avec 4° 48' d'élévation,	1315.

Moyenne sur 10 à 15 coups.

Les déviations latérales et la différence entre les portées étaient beaucoup plus grandes dans les obusiers que dans les canons de 24. D'après ce résultat, les obus tirés par le canon de 24 court, sous le rapport de la portée, satisfont aux conditions exigées de l'artillerie de campagne.

Mais le canon de 24 court, sous le rapport de l'exactitude de la portée des obus qu'il lance, à partir de la distance de 600 pas, remplace les canons de 6 et de 12; car, dans une expérience qui avait pour but de démonter une batterie à la distance de 600 pas, les déviations latérales les plus grandes étaient de 27 pieds à partir du point situé sur la joue gauche de l'embrasure, point sur lequel on pointait. Si l'on suppose un but de 30 pieds de long sur 7 de haut (le parapet n'avait pas plus de hauteur) et par conséquent 210 pieds carrés, sur 15 coups, le canon de 24 tiré à la même distance, en portera 11 sur cette surface, tandis que des expériences rapportées dans mon ouvrage intitulé : *Matériel pour un système d'artillerie*, il résulte que des canons de 6 et de 12 tirés à 600 pas sur un but de 30 pieds de long et 9 pieds de haut, par conséquent de 270 pieds carrés, 42 coups sur 80 ont atteint le but sans ricochet avec les canons de 12, et 81 sur 203 avec les canons de 6 également sans ricochet.

Il suit de là que le rapport des coups qui ont porté sans ricochets à la distance de 600 pas, est pour :

Canons de 24 courts = 0,73.
Idem de 12 = 0,52.
Idem de 6 = 0,40.

Le nombre des coups qui ont porté avec le canon de 24 est donc de 0,33 plus grand que celui des canons de 6 et de 0,21 plus grand que celui des canons de 12. La force de percussion des obus, qui sont d'un poids plus considérable, comparée à celle du boulet de 6, sera plus grande, et leur effet augmentera d'autant plus qu'il a un plus grand diamètre et qu'il éclate après le premier choc sur le sol. (Voyez le tableau ci-après.)

APERÇU

de l'effet produit par le tir à mitraille avec différentes bouches à feu.

DISTANCES.	Résultats obtenus à Mayence sur un but ayant 100 pieds de long et 8 de hauteur.								Résultat d'expériences, pris dans mon ouvrage sur le matériel pour un système d'artillerie, sur un but de 10 pieds de long et 9 de hauteur.															
	Canon de 24 court, chargé de 4 livres de poudre, 133 balles de 6 loth ou 34 balles de 24 loth.				Obusier de 7 livres, chambre pleine 1 livre 13 loth et 57 balles du calibre de 6 loth.				Obusier de 10 livres, chambre pleine, 2 livres de poudre 81 balles de 10 1/2 loth.				Canon de 6, chargé de 2 livres de poudre de 42 balles de 5 1/2 loth.				Canon de 6, chargé 1 1/2 livre de poudre et 42 balles de 6 1/2 loth.				Canon de 12, chargé de 3 livres de poudre 42 balles 10 1/2 loth ou 77 balles de 5 1/2 loth de calibre.			
		Frappé et				Frappé et				Frappé et				Frappé et				Frappé et				Frappé et		
	Traversé le but.	Enfoncé dans le terrain.	Ricoché en arrière.	Total.	Traversé le but.	Enfoncé dans le terrain.	Ricoché en arrière.	Total.	Traversé le but.	Enfoncé dans le terrain.	Ricoché en arrière.	Total.	Traversé le but.	Enfoncé dans le terrain.	Ricoché en arrière.	Total.	Traversé le but.	Enfoncé dans le terrain.	Ricoché en arrière.	Total	Traversé le but.	Enfoncé dans le terrain.	Ricoché en arrière.	Total.

Avec des balles du calibre de 5 1/2 jusqu'à 6 loth.

300	»	»	»	»	»	»	»	»	»	»	»	»	19 7/8	»	1/8	20	20 7/8	3/8	»	20 6/8	32 6/9	1 1/8	3/8	34 2/8
400	59	3 2/5	3 5/6	66	15 2/5	1/5	5	20 3/5	»	»	»	»	12 6/8	»	5/8	13 1/5	14 2/8	1/8	3/8	14 5/8	26 2/3	1	1 2/5	29 1/3
500	»		»	»	»	»	»	»	»	»	»	»	10 1/8	7/8	1 7/8	12 7/9	12 1/8	3/8	1 6/8	15	18 4/8	3 2/5	1 4/5	24
600	18 5/8	2 4/5	11 1/4	32 5/6	2 2/5	2/5	8 3/5	11	»	»	»	»	8 4/8	1/8	2 5/8	21 2/5	5 2/8	4/8	4	9 6/8	9	7 7/8	2/3	17 4/8
700	»	»	»	»	»	»	»	»	»	»	»	»	2 5/8	»	7	9 5/8	2 5/8	1/8	5 6/8	8 1/8	3 4/5	6 2/6	2/6	10 2/8
800	4	»	14 3/5	18 3/5	»	»	»	»	»	»	»	»	»	»	»	»	»	»	»	»	»	»	»	»

Avec des balles du calibre de 10 1/2 loth.

300	»	»	»	»	» 5/35	»	»	»	42 [illegible]	2 4/8	2 4/8	47 4/9	»	»	»	»	»	»	»	»	22 1/8	3/8	»	22 3/8
400	»	»	»	»	»	»	»	»	24 4/5	8	1	33 4/6	»	»	»	»	»	»	»	»	19 5/8	1/8	4/8	19 6/8
500	»	»	»	»	»	»	»	»	14 2/8	10 3/8	2/8	24 7/8	»	»	»	»	»	»	»	»	9 4/8	3/8	4/8	10 2/6
600	»	»	»	»	»	»	»	»	4 6/8	12 5/8	2/8	17 5/5	»	»	»	»	»	»	»	»	11 5/4	1 2/4	1/4	13 1/4
700	»	»	»	»	»	»	»	»	2 1/5	9 5/6	1/6	12	»	»	»	»	»	»	»	»	5 2/6	2 2/6	»	4 4/6
800	»	»	»	»	»	»	»	»	»	»	»	»	»	»	»	»	»	»	»	»	»	»	»	»

Avec des balles du calibre de 24 loth.

300	»	»	»	»	»	»	»	»	»	»	»	»	»	»	»	»	»	»	»	»	»	»	»	»
400	15 5/6	»	2/8	16	»	»	»	»	»	»	»	»	»	»	»	»	»	»	»	»	»	»	»	»
500	»	»	»	»	»	»	»	»	»	»	»	»	»	»	»	»	»	»	»	»	»	»	»	»
600	14 1/5	»	1/5	14 2/5	»	»	»	»	»	»	»	»	»	»	»	»	»	»	»	»	»	»	»	»
700	»	»	»	»	»	»	»	»	»	»	»	»	»	»	»	»	»	»	»	»	»	»	»	»
800	5	4 5/5	9 3/5	»	»	»	»	»	»	»	»	»	»	»	»	»	»	»	»	»	»	»	»	»

Les mêmes motifs portent aussi à donner la préférence au tir à obus de 24 court, sur le tir à boulets avec le canon de 12.

L'effet du canon de ce calibre, comparé à celui des canons de 6 et de 12, aura la supériorité, surtout dans un combat de bouches à feu contre une batterie composée de ces dernières pièces.

Si l'on combine avec le tir à obus du canon de 24 court, le tir à mitraille d'après le colonel anglais Schrapnel, cette bouche à feu en acquerra encore plus de supériorité.

Le tir de cette pièce avec des obus chargés de balles, comme il a eu lieu à Woolwich, le 29 mars 1805, en présence du roi d'Angleterre, doit encore avoir produit un effet extraordinaire (1).

Quant au tir à mitraille, le 24 court a un effet de beaucoup supérieur à celui des autres bouches à feu de campagne le plus en usage, ce qui résulte de ce qui suit (2).

Si l'on compare les résultats des tirs à mitraille exécutés à Mayence et rapportés dans mon ouvrage déjà cité, le canon de 24 court, chargé avec 4 livres de

(1) Dans les campagnes où les Anglais se sont servis du tir à obus chargé de balles, l'effet produit par ces projectiles n'a pas répondu à l'idée qu'on s'en était faite, et des expériences récentes ont prouvé que plus l'obus était porté loin, moins les balles avaient d'efficacité. T.

(2) Pour rendre plus sensible aux yeux le résultat des expériences faites avec des boîtes à balles contre une paroi en planches de 215 pieds de long sur 8 de hauteur, et pouvoir le comparer à celui qui est cité dans son ouvrage *sur le matériel*, etc., et qui a été obtenu sur un but de 100 pieds de long et 9 de haut, l'auteur a retranché du 1er les coups qui ont porté à droite et à gauche dans une longueur de 57 pieds, et l'a indiqué par un trait dans ce tableau qui fait aussi connaître la dispersion des balles.

poudre et tirant des balles de 6 loth, comparé à ceux de 6, de 12, et des obusiers de 7 liv., donne à son avantage le rapport suivant.

Rapport de l'augmentation de l'effet du canon de 24 court sur les canons de

	12	6	Obus de 7 liv.
A 400 pas	1/2	3/4	2/3
A 600 pas	1/2	2/3	2/3
A 800 pas	1/4	(comme à 700 pas).	

L'effet du canon de 24 court augmentera dans une progression croissante à la distance de 300 pas, et dans la même proportion que ci-dessus à la distance de 500. A 700 pas, le tir à obus doit être préféré à celui à balles. Le domaine du tir à mitraille est donc renfermé entre 300 et 600 pas, et à cette dernière distance les balles sont encore plus à craindre que quelques éclats d'obus. D'après cela, l'emploi de ces projectiles devra avoir lieu depuis 700 jusqu'à 1,200 pas. Mais pour le champ compris entre ces deux distances, il faut une fusée convenable; on les fait ordinairement pour une distance moyenne, jusqu'à ce que l'idée de Montgéry sur les obus à percussion puisse être réalisée.

D'après les résultats rapportés ci-dessus, on ne peut douter que les canons de 24 courts, tirés avec une charge de 2 livres et 81 balles de 12 loth, ne produisent le même effet au moins que les obusiers de 10 liv.; car dans les expériences de Mayence où l'on employa la charge de 4 livres, beaucoup de balles, au moment de l'explosion, allaient s'enfoncer peu loin de la bouche de la pièce, ou étaient projetées sur les côtés sans atteindre le but (1).

(1) On pourrait de ce fait tirer une conclusion contraire à celle de

Il nous manque des résultats d'expériences, non seulement sur le tir du canon de 24 court et des canons de 6 avec des balles de 10 loth, ainsi que sur le tir des obusiers de 10 liv. avec des balles de 5 loth 1/2 à 6 loth; mais aussi sur l'effet de la mitraille contre des parois fixes sur différents terrains, pour établir une comparaison exacte de l'effet du tir à balles.

Comme une même charge exerce d'autant moins de force contre les parois d'une bouche à feu, que celle-ci est plus courte, l'épaisseur du métal peut être d'autant plus faible que le diamètre de l'âme augmente (2); car des charges égales touchent d'autant moins de points de l'âme que leur longueur décroît davantage, proportionnellement au diamètre de l'âme.

C'est d'après ces principes physico-mécaniques que l'on a établi la table suivante et le dessin de la pièce de 24 court pour les charges de 2 et de 4 livres (3).

l'auteur, si l'on ignorait qu'en artillerie rien n'entraîne à de plus grandes erreurs que de juger par analogie. Nous nous bornerons donc à dire que, d'après des expériences faites en France sur des obusiers courts et longs comparativement, ces derniers tirés à balles produisent plus d'effet sur un but éloigné, et les premiers leur sont supérieurs aux petites distances.

Ainsi, selon l'éloignement du but, il peut très bien se faire qu'un canon de 24 court produise un meilleur effet qu'un obusier de 10 liv. tous les deux tirés à balles, tandis qu'à une autre distance ce soit le contraire qui ait lieu. T.

(2) La longueur restant la même. T.

(3) Nous avons cru pouvoir nous dispenser de donner le dessin de la pièce qui est inutile pour l'objet que nous nous proposons dans cette traduction.

DIMENSIONS

des canons de 24 en fer de la longueur de 12 calibres déterminées pour la charge de 2 et 4 liv.

NOMENCLATURE DES PARTIES.	Canon pour une charge de 2 livres de poudre.			Canon pour 4 livres de poudre.		
	Pouces.	Lignes.	Points.	Pouces.	Lignes.	Points.
Diamètre du boulet ou de l'obus.	5	»	1,7	5	0	1,7
— de l'âme.	5	1	1,7	5	1	1,7
Vent.	»	1	»	»	1	»
Longueur de l'âme arrondie en demi-sphère vers la culasse.	55	2	3,6	55	2	3,6
Longueur du premier renfort vers la culasse.	28	8	0,3	29	1	4,3
— de la volée.	20	»	6,8	20	»	6,8
— du bourrelet.	7	5	2,5	7	5	2.5
— de la bouche à feu sans bouton.	56	4	8,6	56	3	3,6
— totale de la pièce.	63	6	8,6	66	3	3,6
Diamètre de la bouche à feu au commencement du premier renfort ou près de la culasse.	11	3	»	12	4	»
Diamètre au point le plus élevé du bourrelet.	10	»	»	11	2	»
Saillie du bourrelet.	»	6	»	»	6	»
Epaisseur du fer au dessus de la lumière.	3	»	»	3	5	5
— à la fin du premier renfort.	2	3	4,2	3	»	»
— au commencement de la volée.	1	7	4,2	2	1	»
— au collet.	1	2	4,2	1	6	»
Distance du centre de gravité à la bouche.	34	5	8,3	34	3	5,3
— de l'axe des tourillons à la bouche.	33	9	5,7	3	7,9	6
Diamètre des tourillons.	4	2	»	4	2	»
Leur longueur d'idem.	4	»	»	4	»	»
Diamètre des embasès.	5	2	»	5	2	»
Les embases sont coupées au-dessus des tourillons de	»	4	»	»	4	»
Distance des embases.	11	»	»	12	»	»
Epaisseur des anses.	1	5	»	1	5	»
Hauteur intérieure d'idem.	3	»	»	3	»	»
Longueur des anses.	4	»	»	4	»	»

Pesanteur de la bouche à feu,	1,198 livres,	1,558 livres.
Prépondérance de la culasse,	25 livres,	25 livres.
Angle de but en blanc (Kernwinkel),	6° 36′ 31″	6° 36′ 21″

Il n'est pas impossible de construire un canon de 24 pour les charges de 2 et de 4 livres de poudre qui ne dépasserait pas le poids de celui qui est construit pour 2 livres seulement. Il en résulterait encore une plus grande simplicité dans l'artillerie. Si l'on considère que la construction des bouches à feu n'est fondée ni sur des principes incontestables, ni sur l'expérience, on sera porté à convenir de la vérité de cette assertion.

Dans la détermination de la prépondérance de la culasse, on a supposé, comme cela a lieu dans le système anglais, que la vis de pointage est fixée au bouton de la pièce; c'est pour cela que le poids de la culasse a été porté au minimum, afin que dans le transport l'effort sur la vis de pointage soit diminué autant que possible. La semelle ou l'entre-toise de support peut empêcher dans les transports l'ébranlement de la machine de pointage, mais non celui de l'affût.

L'angle de but en blanc (Kernwinkel) a été fait très petit, afin d'éviter l'emploi de la hausse négative, qui, dans l'artillerie wurtembergeoise, a été généralement supprimée.

L'emploi du fer dans la fabrication de ces bouches à feu se fonde sur les résultats des expériences dont il a été question précédemment, et de celles qui ont été exécutées avant celles-ci par l'artillerie wurtembergeoise; d'où il résulte que les pièces de campagne, sans être plus pesantes que celles en bronze dont on fait usage, offrent toute la résistance nécessaire.

D'après ce qui est rapporté dans le *Journal des Sciences militaires*, 37e livraison, 1828, cet objet a aussi fixé l'attention des artilleurs français.

A charges égales, la vitesse initiale du projectile diminue en raison de l'augmentation de sa surface; mais comme sa force de percussion dépend principalement de son poids, l'effet de l'obus tiré par le canon de 24 court, sous le rapport des effets qu'on doit obtenir en campagne, n'est pas aussi affaibli qu'on pourrait le croire.

Cependant, comme la poudre dont on a fait usage dans les expériences faites près de Mayence est de 1/3 plus faible, d'après le mortier éprouvette, que celle dont on se sert en France, comme poudre de comparaison, quand on aura de cette dernière, on pourra diminuer la charge pour obtenir les mêmes effets et tirer les obus avec 2 livres au lieu de 2 liv. 1/2 ; la mitraille, ainsi que les boulets (qui du reste ne sont employés que dans les siéges et dans les places), seront tirés avec 3 liv. 1/2 au lieu de 4 livres. Si l'on conserve entre le canon de 24 court construit pour une charge de 2 livres de poudre et son affût, le même rapport qu'entre les canons et les affûts de 6 anglais, ainsi que le diamètre des roues et des fusées de ces derniers; que les voitures soient construites de la même manière, que les essieux de devant et de derrière aient une charge proportionnelle, et en rapport avec la force de tirage nécessaire pour le mouvement, il suffira d'augmenter cette dernière force, sur une plate-forme horizontale, de 11 livres, pour mettre cette bouche à feu en mouvement, à partir de l'état de repos; ce qui fournit encore une mobilité suffisante pour l'artillerie légère, suivant ce que l'expérience et la théorie nous enseignent.

Il résulte d'une expérience faite pour constater la résistance des fusées d'essieu, que celles dont le diamètre moyen est de 1°,79'', ont porté une charge de 1,500 liv. dans des circonstances difficiles; par conséquent le diamètre moyen des fusées adoptées offre une résistance satisfaisante pour la charge donnée. Le caisson de 6 anglais chargé de 120 coups pèse 3,386 liv. et il exige pour être mis en mouvement sur une plate-forme horizontale, une force de 69 liv. Si ce même caisson avec les mêmes fusées d'essieu et les mêmes roues, au lieu d'être chargé de 120 coups à 8 livres chacun, d'après le mode anglais, l'était de 70 obus ou boîtes à balles de 14 livres chaque, plus 2 livres pour la charge, ce qui fait 16 livres; croit-on que la force de tirage devrait être sensiblement augmentée? On pense qu'elle ne nuirait en rien aux mouvements que cette voiture doit exécuter.

Le caisson à munitions anglais ne comporte pas le transport d'une roue de rechange; mais si l'on veut en mettre une, il faut en tenir compte dans la répartition de la charge sur les deux essieux. Cependant, si l'on vient à enlever cette roue, l'essieu de devant se trouvera trop chargé. Si au contraire on retire des munitions, c'est l'inverse qui aura lieu; dans ces deux cas, la charge se trouvera inégalement répartie sur les essieux, et le caisson exigera plus de force de tirage qu'il n'est nécessaire, relativement à son poids.

Partant de ces principes et de ce que les roues sont aujourd'hui mieux construites et plus fortes qu'autrefois, l'artillerie anglaise, dans la construction de ses caissons à munitions, n'a pas cherché à placer une roue de rechange.

Le moyen employé pour mettre en mouvement les bouches à feu et les caissons est le cheval.

Que l'on choisisse maintenant pour les attelages de l'artillerie de campagne, les chevaux les plus forts et les mieux conformés; qu'on leur donne, comme cela a lieu ordinairement, de plus fortes rations qu'à ceux de la cavalerie; ils pourront alors fournir une aussi longue carrière que ces derniers, si l'on tient compte de la charge qu'ils ont à traîner pour diminuer celle qu'ils portent; et l'artillerie à cheval ou légère pourra dans ses mouvements suivre la cavalerie, particulièrement dans les opérations stratégiques. C'est ce qui a lieu dans l'artillerie anglaise, hanovrienne et hollandaise, où le cheval porteur n'a que les harnais, la selle et le cavalier, le sous-verge portant les bagages.

Dans l'artillerie wurtembergeoise, la charge du cheval de trait sera la même que celle du cavalier, parce que le sous-verge porte le fourrage de deux chevaux pour deux et même trois jours.

D'après ce que nous venons de voir, le canon de 24 court, de 12 calibres de longueur, construit pour la charge de 2 livres de poudre avec des munitions suffisantes, n'exige pas pour être mis en mouvement sur une plate-forme horizontale plus de force de tirage qu'une pièce de campagne, ce qui est prouvé par l'expérience appuyée sur la théorie.

Mais comme les canons de 24 courts produisent un plus grand effet que les canons en usage dans l'artillerie de campagne, ils peuvent donc parfaitement remplacer ces derniers ainsi que les obusiers (1).

(1) Ce canon de 24 court est précisément l'obusier de 24 long de l'artillerie française. Il a en effet tous les avantages dont l'auteur parle. On ne lui reproche qu'une chose, c'est que son projectile, lancé presque toujours comme boulet, va porter ses éclats plus loin que le but. Mais cet inconvénient peut être évité, et il l'est en partie au moyen d'une faible charge.

L'objet de l'auteur est de prouver que cette bouche à feu peut seule remplacer toutes les autres pour le service de campagne, ce qui est loin de s'accorder avec les idées reçues en Allemagne, où l'on veut des pièces de différents calibres selon les circonstances. Quoiqu'en France on n'ait point adopté ces idées, on ne pense pas néanmoins que l'obusier de 24 long

§ 2.

Mobilité et effets de l'artillerie de place et de siége.

D'après la méthode actuellement en usage pour l'attaque régulière des places fortes, la première parallèle est ouverte à 600 pas tout au plus des ouvrages de la place, et l'attaque commence par les batteries à ricochet, par des batteries à tir courbe, et par d'autres qui sont destinées à démonter celles de l'ennemi. Ces mêmes batteries continuent leur feu, mais avec plus de vigueur lorsqu'on en est à la seconde parallèle; à la troisième parallèle, ou lorsqu'on en est au couronnement du chemin couvert, on emploie les contre-batteries et les batteries de brèche.

Dans l'attaque d'une place, on bat principalement de forts ouvrages en terre et des murs en maçonnerie. L'assiégé, au contraire, n'a à détruire que des ouvrages en terre construits légèrement, et qu'à tenir l'ennemi éloigné.

Dans le tir à ricochet, à la distance de 600 pas, l'angle de chute du projectile est déjà considérable, et l'angle sous lequel il se relève l'est encore davantage. En outre, l'amplitude du premier ricochet est ordinairement plus étendue que la face que l'on ricoche.

Il suit de là que les batteries de canons ou d'obusiers destinées à tirer à ricochet, ne peuvent opérer que par la première chute du projectile. Si l'on veut diminuer la charge pour avoir une force initiale moins grande,

puisse remplacer avantageusement dans tous les cas toutes les autres bouches à feu. C'est au reste une question qui demande à être longuement discutée avant d'être résolue, et que l'expérience de la guerre seule décidera beaucoup mieux que toutes celles que l'on peut entreprendre en temps de paix. T.

et par suite un premier ricochet moins étendu, on doit alors augmenter l'angle de tir, et l'on n'a plus dans la plupart des cas qu'un tir simple.

Ainsi, par exemple, dans les expériences de Mayence, en 1828, où l'on a construit un rempart de 70 à 75 pas de longueur avec un terre-plein de 10 à 12 pas de largeur pour le tir à ricochet, et où l'on a établi des traverses de 36 en 36 pieds, on a obtenu les résultats suivants :

Avec des obusiers légers de 7 liv. stein chargés de 11 loth de poudre et pointés à 14 degrés d'élévation, sur 10 coups, un seul porta du premier bond sur la face ricochée, et un autre a atteint le parapet de la même face; la déviation moyenne fut de 17 pas 1/5.

Avec des obusiers pesants de 10 liv. stein chargés de 25 loth de poudre et pointés à 13 degrés d'élévation; sur 10 coups, 4 portèrent du premier bond sur le parapet, 2 sur la traverse, et 1 sur le rempart de la face ricochée. La déviation latérale moyenne fut de 7 pas 1/5.

Avec des canons de 24 courts, une charge de 10 loth de poudre et 12 degrés d'élevation; sur 9 coups, un atteignit du premier bond le rempart, 2 les traverses de la face ricochée. Il y eut 9 pas de déviation latérale moyenne.

La comparaison établie précédemment entre les obusiers de 7 liv., le canon de 24 de 12 calibres de longueur et le mortier de 7 liv., confirme cette règle, que sous cet angle d'élévation et la charge donnée, on n'obtient que des tirs simples (Reine Wurfe). D'après ces résultats, les mortiers de 7 liv., qui ordinairement sont placés dans les batteries à ricochet, doivent être préférés aux canons et aux obusiers.

Ainsi, à partir de la première parallèle, l'attaque pourrait être ouverte le long des faces avec des mortiers de 7 liv. au lieu de canons et d'obusiers; on y consommerait un peu moins de poudre, et l'on aurait quelque certitude de plus d'atteindre le but. Mais comme il est prouvé par les résultats du tir de l'obusier de 7 liv., des canons de 24 de 12 calibres de longueur et des mortiers de 7 liv., dont il vient d'être question, que sous le rapport de la justesse des coups, le canon de 24 court dévie un peu moins que le mortier de 7 liv., et que pour l'artillerie de campagne cette bouche à feu est celle qui atteint le mieux le but qu'on se propose lorsqu'elle est construite pour une charge de 2 livres de poudre, il s'ensuit que, chargée à 2 livres de poudre et à obus, elle doit être préférée au mortier de 7 liv. pour démonter l'artillerie ennemie; en outre, sa construction permet d'en attendre de meilleurs effets que de la pièce de 24 longue chargée de 6 livres. Ce qui est d'ailleurs prouvé par les expériences suivantes, faites à Mayence en 1828, pour démonter l'artillerie placée sur remparts.

On établit pour ces expériences une batterie en sable de rivière.

Les canons de 24 courts détruisirent en 14 coups à obus tirés avec 2 liv. 1/2 de poudre et sous l'angle de un degré les deux embrasures de la batterie. Sur ces 14 coups, 11 atteignirent le but, les autres portèrent trop haut ou trop bas. Toutes les fusées brûlèrent et les obus firent explosion.

Une embrasure de cette batterie ne put être démolie que par 53 coups à boulet, chargés avec 4 livres de poudre et tirés sous l'angle d'un dégré, dont 31 seulement atteignirent le but, les autres ayant porté trop haut et trop bas.

Le canon de 24 long, tiré à obus avec une charge de

2 liv. 1/4 et sous l'angle de 1°,39', détruisit les deux embrasures de la batterie; les 11 coups qui les atteignirent suffirent pour cela, et encore sur ces 11 coups il y en eut 2 dont les fusées ne prirent point feu, et dont, par conséquent, les obus n'éclatèrent point. Les coups qui ne portèrent point furent trop haut ou trop bas, mais tous leurs obus éclatèrent.

Il y eut une embrasure détruite en 35 coups tirés à boulet avec 8 livres de poudre, et depuis 1° jusqu'à 1°,5' d'élévation, dont 27 seulement portèrent juste.

Mais, dans ces expériences, l'obusier de 7 liv. se montra bien inférieur aux canons de 24, puisqu'à 600 pas aucun des 20 coups tirés n'atteignit la batterie, et qu'à 400 pas, sur le même nombre de coups, il n'y en eut que 3 qui le touchèrent, et encore sans produire d'effet.

D'après les résultats de ces expériences, on conviendra qu'un corps d'armée dont l'artillerie de campagne serait composée de canons de 24 de 12 calibres de longueur, construits pour la charge de 2 livres de poudre, peut sans inconvénient commencer l'attaque d'une place forte sans attendre le parc de siége, dont les bouches à feu sont très lourdes, et qui, comme on en voit beaucoup d'exemples dans l'histoire des guerres, et surtout des guerres récentes, met souvent obstacle par son peu de mobilité à l'exécution d'un plan savamment conçu. Il arrive même quelquefois que ce dernier échoue complétement à cause de la trop grande quantité d'artillerie, ou bien enfin par le défaut d'accessoires de toute espèce nécessaires à un parc de siége, et qui sont aujourd'hui considérablement augmentés.

Mais comme, dans une place forte, les casemates, les magasins, etc., sont à l'épreuve de la bombe et à l'abri du canon par des terrassements construits en avant, le mortier sert principalement à inquiéter les places d'armes et à incendier les bâtiments. Si maintenant la bombe du mortier de 30 liv. a une force de percussion suffisante pour enfoncer plusieurs étages d'un bâtiment, ce mortier, avec une chambre cylindrique et le logement de la bombe construit d'après le système de Borkenstein pour les siéges, sera en pareil cas suffisant; car 3 de ces mortiers sont plus faciles à transporter que 2 de 50 à 60 liv., et on les manœuvre avec plus de facilité; ils peuvent aussi, dans un intervalle de temps donné, tirer un plus grand nombre de coups. Enfin, la justesse du tir, avec le mortier, n'augmente pas d'une manière sensible avec le calibre, comme cela est prouvé par ce qui suit:

MORTIER.	Nomb. de coups.	Charge en loth.	Élévation en degrés.	Coups qui ont atteint la cible ayant un centre commun		Probabilité d'atteindre le but.
				de 500 pas.	de 75 pas.	
A la distance de 600 pas.						
Mortier de 7 liv. prussien. — Résultat des expériences de Mayence en 1828.	15	8 ½	45	7	7	0,93
10 liv. } Résultats des exercices de l'artillerie.	10	12	31 j. 33	2	2	0,40
30 liv. } Résultats des exercices de l'artillerie.	8	32	20	6	»	0,75
A la distance de 800 pas.						
Mortier de 7 liv. prussien. — Résultat des expériences de Mayence en 1828.	15	6 ¾	45	5	7	0,80
10 liv. } Résultats des exercices de l'artillerie.	16	16	22	8	4	0,75
30 liv. } Résultats des exercices de l'artillerie.	8	32	32	5	2	0,87

La charge employée et l'inclinaison donnée aux mortiers ont été reconnues les plus convenables, d'après le calcul et plusieurs expériences.

Ainsi avec des canons de 24 de 12 calibres de longueur construits pour 2 livres de poudre, et le mortier de 30 liv. en proportion égale, on peut commencer un siége et le poursuivre jusqu'à la deuxième parallèle, comme on le faisait autrefois avec des canons pesants de 12 et de 18, des obusiers de 7 et de 10 liv., des mortiers de 10, 25 et 50 liv.

D'après les données les plus nouvelles, les contre-batteries et les batteries de brèche construites dans la troisième parallèle ou dans le couronnement du chemin couvert, sont armées avec des canons de 18 ou de 24 et avec des mortiers et obusiers légers.

Si maintenant, d'après le résultat des expériences de Mayence, le boulet de 24 tiré à 600 pas contre un terre-plein construit en sable de rivière, avec une pièce longue et 8 livres de poudre, n'y pénètre que de 1 pied 1/2 plus loin tout au plus que lorsqu'il est tiré avec 4 livres dans un canon de 24 de 12 calibres de longueur, ce dernier conviendra aux batteries de brèche et aux contre-batteries, et y produira un effet suffisant, surtout si l'on considère que la force de percussion d'un projectile s'accroît dans la proportion de la vitesse initiale, et que la différence de cette vitesse pour deux boulets de même calibre, tirés avec des charges différentes, mais avec des canons qui n'ont pas la même longueur, à une distance très rapprochée, n'est pas sensiblement différente. Les observations physiques, faites sur les expériences de 1828 par le conseil intime du royaume de Bavière, confirment parfaitement cette opinion; car la vitesse du boulet de 24 tiré par le canon long avec 8 livres de poudre, à la distance de 400 et de 600 pas, est la même que lorsqu'il est tiré par le canon court avec 4 livres de poudre (1). Mais au contraire le temps nécessaire à ce projectile pour arriver à 1,200 pas est plus long dans ce dernier cas que dans le premier. Cependant la manœuvre étant plus facile avec l'un qu'avec l'autre, on peut tirer plus de coups, pendant le même temps, avec le 24 court, et l'on consomme aussi moins de munitions. Les expériences ayant pour objet de battre en brèche des ouvrages en charpente et en maçonnerie, ont aussi fait voir que les coups tirés avec une vitesse initiale très considérable, et qui par cette raison pénètrent davantage, causaient aussi beaucoup moins d'ébranlement.

Mais comme les canons de 24 de 12 calibres de longueur, construits pour la charge de 2 livres de poudre, remplacent, comme on l'a prouvé plus haut, les mortiers et les obusiers légers, le parc de siége d'un corps d'armée, dont l'artillerie de campagne est composée de canons de 24 courts construits pour la charge de deux livres, le sera de canons de 24 de 12 calibres de longueur construits pour la charge de 4 livres, et de mortiers de 30 liv.

Ces bouches à feu opposeront d'autant moins d'obstacles aux mouvements d'une armée qu'elles n'exi-

(1) Nous ne connaissons pas les observations dont parle l'auteur, et nous ne pouvons pas en discuter la valeur; mais les conséquences qu'on en tire sont tellement opposées à la théorie, que nous ne pouvons nous empêcher de les combattre. Il est certain, au contraire, que la vitesse initiale n'est pas la même avec des charges différentes et avec des canons du même calibre et de différente longueur; néanmoins, à une distance rapprochée, l'effet peut bien n'être pas très différent, selon l'objet qu'on se propose. T.

gent pas plus de force de tirage que les canons de 12 de campagne.

Au surplus, les bouches à feu à tir courbe ne peuvent guère être employées avec avantage dans la troisième parallèle; car il est facile en pareil cas de se garantir des éclats d'obus ou de bombes, et d'ailleurs les dégâts qu'ils peuvent causer ne peuvent avoir qu'une légère importance.

Les voitures en usage jusqu'à présent, pour transportes les bombes du dépôt principal aux magasins de batteries, deviennent superflues avec des canons de 24 courts; car les avant-trains et les voitures attachées aux canons de batterie sont disponibles, et les avant-trains ainsi que les voitures qui suivent les canons de 24 courts pourront être employés au transport des bombes de 30 liv., en prenant les dispositions convenables pour les approprier à cette destination.

L'auteur a donné sur ce sujet des détails plus circonstanciés dans son grand ouvrage sur le nouveau matériel d'artillerie.

Comme les défenseurs d'une place forte n'ont à détruire que des ouvrages en terre, construits légèrement, et qu'à tenir éloigné l'assiégeant qui cherche à s'approcher, des canons de 24 longs (1) et des mortiers à main prussiens de 7 liv. suffisent dans toutes les circonstances, d'autant mieux que le canon de 24 tiré à mitraille avec une charge de 8 livres de poudre et des balles de 24 loth à la distance de 600 pas, produit un plus grand effet que le 24 court tiré avec 4 livres de poudre, comme le fait voir le tableau suivant :

(1) En France, on se sert à cet effet de canons de 16 qui produisent un résultat suffisant.

T.

APERÇU

de l'effet produit par des coups à mitraille tirés avec des canons de 24 courts et longs.

DISTANCE en pas ordinaires	ESPÈCES DE BOUCHES A FEU.					
	Canon de 24 court avec 4 livres de charge.			Canon de 24 long avec 8 livres de charge.		
	Traversé le but.	Frappé et Resté enfoncé dans le but.	Frappé et Ricoché en arrière.	Traversé le but.	Frappé et Resté enfoncé dans le but.	Frappé et Ricoché en arrière.
Avec des boîtes de 34 balles pesant chacune 24 loth.						
400	$15\frac{3}{5}$	»	$\frac{2}{5}$	$12\frac{4}{5}$	»	1
600	$14\frac{1}{5}$	»	$\frac{1}{5}$	$15\frac{4}{5}$	»	
800	5	»	5	$13\frac{1}{5}$	»	
Avec des boîtes de 133 balles pesant chacune 6 loth.						
400	$59\frac{3}{5}$	$1\frac{3}{5}$	$5\frac{1}{5}$	$60\frac{1}{5}$	»	$3\frac{1}{5}$
600	$18\frac{3}{5}$	$2\frac{4}{5}$	$11\frac{3}{5}$	$38\frac{4}{5}$	$\frac{1}{5}$	11
800	4	»	$14\frac{1}{5}$	$11\frac{3}{5}$	1	$28\frac{2}{5}$

On ne peut ici tirer avantage de l'augmentation de l'effet de la mitraille tirée par les canons de 24 longs à la distance de 800 pas; car la première parallèle étant toujours ouverte à 600 pas tout au plus du rempart, il est inutile de s'occuper de ce que les bouches à feu peuvent faire au-delà (1). Mais à la distance de 400 pas,

(1) Indépendamment de ce que les circonstances peuvent quelquefois obliger l'ennemi à ouvrir la tranchée à plus de 600 pas de la place, il

la dispersion des balles de 24 loth étant moins grande avec les canons de 24 longs qu'avec le 24 court, ce dernier serait à préférer sous ce rapport.

Le plus grand effet obtenu avec le 24 long à la distance de 600 pas avec des balles de 6 loth ne peut rien décider en sa faveur, car les balles ne peuvent traverser les gabions qui protégent les tranchées.

DEUXIÈME SECTION.

FUSÉES INCENDIAIRES.

§ 3.

Vue générale.

Depuis plusieurs années les fusées incendiaires sont en usage à la guerre chez les Anglais, les Russes, les Polonais, les Autrichiens, les Suédois, les Danois, etc.; mais leur fabrication et la manière de s'en servir est encore un secret. Ce qu'il y a de mieux sur l'histoire, la spécialité, la préparation, les frais et l'usage des fusées incendiaires, se trouve dans le traité ayant pour titre : *Remarques sur les fusées incendiaires, par Joseph Behn, capitaine d'artillerie polonaise, Weimar*, 1820, et dans le *Système des fusées incendiaires du général Hoyer, Leipsig*, 1827. Ce dernier auteur ne balance point à donner à l'artillerie de campagne, au lieu d'obusiers, des chevalets pour fusées incendiaires du calibre de 6 livres, à raison d'un de ces chevalets pour 6 fusées. Il

est très important de soutenir les sorties qu'on peut faire contre lui, de l'empêcher de faire des reconnaissances trop près, de le tenir éloigné le plus possible, etc., et par conséquent de s'occuper des moyens de remplir cet objet. T.

les recommande aussi pour le service de place et de siége, et il espère surtout les voir introduire, à la prochaine guerre, dans tous les équipages d'artillerie.

On trouve dans le 4e cahier du 9e volume du *Journal de littérature militaire*, année 1828, sur le système des fusées incendiaires, des additions et des développements dignes d'attention.

§ 4.

Fusées incendiaires pour le service de campagne.

La fusée incendiaire promet un effet semblable à celui du boulet ou de l'obus, et elle réunit encore à cela la portée, car elle possède la même force d'impulsion. Mais si elle n'a pas la même puissance destructive que les autres projectiles de même calibre, elle en a assez pour mettre une file de soldats ou le cheval qui en serait atteint hors de combat. Et d'après les expériences que le général Hoyer cite, elle réunit l'exactitude du tir à l'effet de l'obusier.

Maintenant si l'on examine, d'après l'expérience, son effet dans un combat de bouches à feu, sans tenir compte des pièces démontées, mais seulement de la perte en hommes et en chevaux, on verra que l'artillerie peut être mise hors de combat par l'effet des fusées incendiaires ; celles-ci pourront par conséquent être employées par l'artillerie légère, à cause de la facilité de leur transport qui favorise les mouvements stratégiques.

S'il s'agissait de démonter de l'artillerie avec des fusées incendiaires, on ne disconviendra pas qu'elles ne puissent remplacer le boulet dont la bouche à feu aurait une mobilité suffisante ; car leur tir ne produit pas le même bruit, et l'on sait que dans bien des cas ce bruit fait plus d'effet que le boulet, ou que la fusée incendiaire qui frappe le but. Si, par exemple, dans les combats qui eurent lieu en 1812, derrière Smolensk, la batterie à cheval attachée à la brigade de cavalerie du général Beurmann eût pu franchir, aussi promptement qu'elle, les défilés difficiles de la vallée de *Subna* à *Walutino*, l'attaque de cette brigade, derrière la hauteur de Walutino, sur le flanc gauche de la colonne russe qui avait fait volte-face pour appuyer son arrière-garde, aurait eu non seulement un plus grand résultat, mais encore son premier coup de canon aurait arrêté cette arrière-garde qui était engagée avec le maréchal Ney, et aurait permis au corps du général Junot, qui arrivait sur Bretizino par un chemin latéral, de prendre part au combat. Ce dernier aurait dû néanmoins appuyer sur-le-champ cette attaque sans attendre son artillerie, qui fut arrêtée dans les marécages situés entre le Dnieper et la route de Moskou. Par ce moyen, le maréchal Ney aurait eu moins de forces à combattre, et il aurait pu détruire, au moins en partie, le corps du général *de Barclay*, lequel se retira par deux chemins marécageux à travers les bois qui sont derrière la hauteur de *Walutino*, et qui, de Pétersbourg, conduisent, l'un près de Bretichino, et l'autre près de Stobnewa, à la route de Moskou.

Dans les mouvements que l'on fit au contraire en 1814 pour tourner le village de *Colombé-les-deux-églises*, les fusées incendiaires auraient pu remplacer les bouches à feu, car ici la colonne qui avait à cerner ce village devait parcourir un chemin reconnu; le moment de l'attaque avait été indiqué par le général en chef, et dans le mouvement en avant les fusées incendiaires n'auraient point été arrêtées comme le furent les bouches à feu, qui restèrent souvent embourbées dans le chemin creux du bois; par suite de cela, la tête de colonne attaquée dans *Colombé-les-deux-églises*, et le corps stationné dans *Bar-sur-Aube*, n'auraient pu probablement s'échapper (1).

Cependant, pour une artillerie où l'on ne fait point encore usage de fusées incendiaires, et où l'on ne voudrait s'en servir qu'après avoir bien examiné leur préparation et leur emploi à la guerre, l'auteur de cet ouvrage se range à l'avis du général Hoyer, qui est que, dans toutes les circonstances, aujourd'hui les fusées incendiaires doivent être considérées comme un supplément utile à la force destructive employée à la guerre, et par conséquent doivent être données à une armée pour remplacer les obusiers.

Si maintenant on attache particulièrement à l'infanterie des détachements d'artilleurs capables de manier des fusées incendiaires, son indépendance en sera considérablement augmentée, car elle aura l'avantage d'exécuter tous les mouvements stratégiques plus librement

(1) Il se présente des cas extraordinaires pour l'artillerie, comme, par exemple, l'affaire que l'on vient de citer près de *Walutino* en 1812, où deux canons auraient suffi pour indiquer au corps du général Junot la présence de bouches à feu sur le flanc gauche des Russes et donner de la vigueur à l'attaque de la brigade du général Beurmann. De même que l'infanterie et la cavalerie laissent en arrière ce qui ne peut suivre dans les mouvements accélérés, l'artillerie aurait dû dans bien des circonstances en faire autant, pour produire un plus grand résultat. Mais jusqu'à présent, l'habitude généralement en usage de conserver réunies toutes les bouches à feu d'une batterie, fait que celle qui est attachée à une brigade cherche toujours à se maintenir au complet, sans faire attention que l'infanterie ou la cavalerie laisse quelquefois momentanément un tiers de son monde en arrière. A.

et par le plus court chemin. En effet un homme porte, suivant Hoyer, trois fusées incendiaires du calibre de 6 sans être plus chargé qu'un fantassin qui n'a que son fusil avec 60 cartouches dans sa giberne.

§ 5.

Fusées incendiaires pour le service de siége et de place.

Comme les fusées incendiaires, d'après les principes qui viennent d'être exposés, remplacent avec avantage les obusiers de l'artillerie de campagne, elles les remplaceront aussi dans le service de siége et de place, principalement pour chasser l'ennemi des places d'armes ouvertes du chemin couvert, des ouvrages avancés et extérieurs. Employées dans les places d'armes, leur effet se fait sentir contre les sapes qui s'avancent sur le glacis. Dans tous les cas, elles promettent à l'assiégeant et à l'assiégé un meilleur effet comme fusées à éclairer que les balles à feu.

L'usage des fusées incendiaires, soit dans les siéges, soit dans la défense des places, est sans contredit la limite la plus reculée de la simplification des bouches à feu, dans ces deux services, puisqu'elles n'emploient que le plus petit nombre possible de combattants, et qu'on en obtient tout l'effet nécessaire.

TROISIÈME SECTION.

RAPPORT NUMÉRIQUE DE L'ARTILLERIE AVEC LES AUTRES ARMES.

§ 6.

Considérations générales.

D'après les décisions de la Confédération germanique, le 8e corps d'armée compte 31,386 hommes, y compris une réserve de 10,462 hommes (1), et en bouches à feu,

Pour l'artillerie de campagne.

EN PREMIÈRE LIGNE.	EN RÉSERVE.
Servies par des cannoniers à cheval.	
18 canons de 6 liv.	3 canons de 6 liv.
3 obusiers de 7.	1 obusier de 10.
4 — de 10.	
Servies par l'artillerie à pied.	
12 canons de 6.	4 canons de 6.
18 — de 12.	7 — de 10.
4 obusiers de 7.	2 obusiers de 7.
4 — de 10.	1 — de 10.
63 pièces.	18 pièces.

Pour l'artillerie de siége.

2 canons de 12.
5 — de 18.
3 — de 24.
3 obusiers de 10.
2 mortiers de 10.
2 — de 30.
2 — de 48.
1 — de 60.

20 pièces.

Total général 101 pièces, sans compter l'approvisionnement de l'arsenal, qui est de 43 bouches à feu.

On compte pour le transport et le service de ces 101 pièces, y compris les munitions nécessaires,

(1) Par le dernier arrêté, ce 8e corps d'armée est composé de 30,150 hommes, ainsi qu'on le voit par une note extraite de la gazette de Hanovre; mais cette légère différence ne détruit pas l'exactitude des calculs de l'auteur.

3,402 hommes, ce qui fait 33 hommes par bouche à feu.

§ 7.

Rapport numérique de l'artillerie de campagne avec les autres armes.

D'après ce qu'on vient de voir, le 8e corps d'armée de la Confédération germanique compte 2 bouches à feu de campagne pour 1,000 hommes, rapport qui se déduit de l'expérience de la guerre, et qui, avec le système d'artillerie en usage jusqu'à présent, doit être considéré comme le minimum; car, dans la campagne de 1812, l'armée française en comptait 3 pour 1,000 hommes. Ce rapport n'était pas moindre dans les armées alliées pendant les campagnes de 1813, 1814 et 1815 (1).

Si l'on considère que le nombre de bouches à feu

(1) On veut généralement qu'il y ait un rapport entre le nombre des bouches à feu et celui des hommes qui composent une armée; mais il nous semble que cette manière de voir n'est pas juste; on devrait plutôt déterminer le nombre des batteries sur le nombre des divisions d'après la nature des pays et le genre des opérations qu'on se propose d'entreprendre, parce que la force des corps diminue à chaque instant, et le rapport que l'on établit sur la force numérique de l'armée n'est exact qu'au moment où on le fixe. Ainsi en prenant ces deux choses en considération, on devrait compter une ou deux batteries par division de quatre régiments d'infanterie, et une par division de quatre ou six régiments de cavalerie, en formant en outre une réserve d'une ou plusieurs batteries par division. D'après cela, pour la frontière du Nord, par exemple, où le pays est plat, mais où les chemins sont très mauvais pendant les pluies, on aurait par division de 8 bataillons d'infanterie 2 batteries, et par division de cavalerie de 16 escadrons une seule batterie, plus une réserve de corps d'armée proportionnée au but qu'on aurait en vue. Ce qui ferait environ 2 pièces par bataillon et une pour deux escadrons, y compris les réserves des corps d'armée, les batteries en France étant composées de 6 bouches à feu. T.

détermine la force de l'artillerie, et que d'après l'expérience des campagnes de 1812, 1813, 1814 et 1815, la force de l'artillerie ne diminue pas proportionnellement autant que celle de l'infanterie et de la cavalerie, attendu qu'une batterie est rarement hors de service, comme on l'a déjà dit, pour avoir ses pièces démontées, mais plutôt parce que les hommes et les chevaux manquent pour leur service, le grand nombre de bouches à feu de la réserve d'un corps d'armée sera d'autant moins nécessaire, que les pertes de l'artillerie en hommes et en chevaux sont proportionnellement moindres que celles de l'infanterie et de la cavalerie.

La cause de cela vient de ce que la manière de combattre de l'artillerie est un ordre très ouvert.

Une armée qui, dans toutes les circonstances, conserve le même rapport entre l'artillerie et les autres armes, n'en sera jamais embarrassée dans ses mouvements, ainsi que cela a eu lieu dans l'armée française en 1812, où le rapport de l'artillerie aux autres armes, qui était dans le principe de 3 bouches à feu pour 1,000 hommes, s'est trouvé être plus tard de 5 et même 6 pièces pour le même nombre d'hommes; parce que malgré les grandes pertes de ces deux armes, aucune pièce ne fut mise en dépôt.

Pour exécuter cette retraite si difficile de Moscou, le peu d'infanterie qui restait en état de combattre dut être principalement employé à couvrir l'artillerie, et le petit nombre des chevaux de la cavalerie à remplacer les attelages; mais l'artillerie conduite à Moscou, sans nécessité, fut victime de l'effort que l'on fit pour la conserver dans la proportion établie avec les autres armes. Une armée perdra donc, dans quelques circonstances, en force numérique pour le combat; mais gagnera essentiellement en mobilité, si dans l'origine elle ne compte que 3 pièces pour 2,000 hommes et 40 artilleurs capables de manœuvrer des fusées incendiaires (*Raketier*). Dans cette détermination, l'on suppose que l'artillerie est placée sous les ordres d'un seul chef, et non répartie en batteries dans les brigades, comme par le passé, où il arrivait souvent que dans les combats une grande partie était réduite à l'inaction. L'on suppose encore que l'artillerie d'un corps d'armée sera toute disposée en première ligne; car si la seconde ligne vient à combattre, c'est que la première a déjà beaucoup souffert, et dans ce cas, l'on a vu que le nombre des bouches à feu ne diminuait pas dans la même proportion que les autres armes: ainsi l'artillerie pourra se réunir à elle.

Si, dans la première ligne, l'infanterie attaque à la baïonnette, et que la cavalerie exécute une charge, comme l'artillerie ne pourra plus agir pendant ce mouvement, elle se ralliera à la deuxième ligne. Dans les deux cas, les forces combattantes se concentrent tellement, que l'artillerie aura de la peine à trouver un emplacement si elle est dans une plus forte proportion avec les autres armes.

Enfin, dans le rapport qu'on vient d'admettre entre l'artillerie et les autres armes, on a pris en considération les détachements et les maladies qui, avant de commencer les opérations, diminuent considérablement, comme l'expérience le prouve, l'effectif de l'infanterie et de la cavalerie, tandis que le nombre des bouches à feu reste le même et que d'ailleurs on peut aisément l'augmenter selon les circonstances.

Maintenant, comme il a été prouvé dans la première

section que les canons de 24 de 12 calibres de longueur, construits pour la charge de 2 livres de poudre, peuvent remplacer les obusiers, et promettent d'après l'expérience et la théorie un plus grand effet que les canons de 6 et de 12 de campagne, sans exiger pour leur mouvement plus de force de tirage, l'artillerie de campagne pourra n'être composée que de ces pièces de 24; et comme les fusées incendiaires de 6 ou de 2 pouces 1/2 promettent plus d'effet que les obusiers de 7 liv. et que les canons de 6, au lieu d'obusiers on organisera un équipage de fusées incendiaires avec des hommes capables de les manœuvrer.

§ 8.

Rapport numérique entre l'artillerie de siége et l'artillerie de campagne.

D'après le rapport qui existe entre l'artillerie de campagne et les autres armes, l'artillerie de siége d'un corps d'armée compte en canons 1/6 de bouches à feu de campagne, et en mortiers 1/9 (1).

Si ce rapport est admis, comme il en est question dans le nouveau projet, le parc de siége d'une armée de 12,000 hommes sera composé de 3 canons et de 2 mortiers.

Ce nombre suffira dans toutes les circonstances, car l'artillerie de campagne, comme on l'a fait voir dans la première section, est d'un effet suffisant dans les première et deuxième parallèles. Les pièces de siége ne sont employées que dans la troisième pour faire

(1) On ne peut fixer d'avance d'une manière générale le rapport de l'artillerie de siége à celle de campagne; car l'équipage de siége dépend de l'importance des places qu'on peut être dans le cas d'assiéger, et de leur approvisionnement en artillerie. T.

brèche, et les mortiers pour inquiéter les places d'armes ouvertes et détruire les bâtiments.

D'après les rapports déterminés entre l'artillerie de campagne et les autres armes, et entre l'artillerie de siége et celle de campagne, eu égard à l'espèce de bouches à feu reconnues plus haut les meilleures, un corps d'armée de 31,386 hommes aura :

50 canons de 24 de 12 calibres de longueur, construits pour la charge de 2 liv.
8 idem de 24, construits pour une charge de 4 liv.
5 mortiers de 30 liv. au lieu de 19 obusiers.

Ce qui exige un détachement de 627 artilleurs; il faut en outre pour le service des fusées incendiaires 1,388 hommes, si toutefois le chevalet (*bock*), que le quatrième homme doit porter lorsque le terrain ne permet pas de placer la fusée, ne pèse pas plus qu'un fusil ordinaire d'infanterie. Cet équipage se présente avec une simplicité qu'on ne saurait méconnaître, tant sous le rapport du nombre que sous celui de l'espèce de bouches à feu.

Une réserve pour l'artillerie de campagne devient inutile si l'on conserve dans toutes les circonstances le rapport primitif entre elle et les autres armes, ce qui est d'ailleurs nécessaire pour ne pas embarrasser l'armée.

§ 9.

Rapport numérique de l'artillerie de place au système de fortification.

Pour fixer ses idées à ce sujet, il faut s'arrêter sur plusieurs époques.

Le capitaine du génie prussien, *C. Wenzel*, dont l'ouvrage sur l'attaque et la défense des places répand beaucoup de lumières sur cet objet, affecte à la défense d'un front de fortification ordinaire et des ouvrages latéraux, savoir :

12 canons de 24, de 16 ou de 18 liv. de calibre.
12 — de 12 légers.
ou 6 — de 12 pesants.
de 12 à 18 de 12 légers.
20 canons de 6, dont 4 mobiles.
4 — de 12 légers en réserve.
10 obusiers de 10 liv. de calibre
10 — de 7 dont 2 mobiles.
14 mortiers de 50 ou de 25.
10 — de 10 ou de 7.
12 — de 7.
6 mortiers-pierriers.

Total 128 à 134 bouches à feu.

En outre en dépôt dans la place :

12 canons de 24 ordinaires.
12 — de 12 pesants.
6 — de 12 légers.
10 — de 6.
10 obusiers de 10 liv.
10 — de 7.
12 mortiers de 50 liv.
10 — de 10.
12 — de 7.
6 mortiers-pierriers.

Total 100 pièces.

Total général 228 à 234 bouches à feu.

Cependant pour la défense d'un front de fortification construit d'après la nouvelle méthode, le capitaine Wenzel augmente le nombre des bouches à feu de 12 canons de 16 ou de 18, et de 3 canons de 12. Si l'on prend en considération que l'assiégé n'a à détruire, comme on l'a déjà dit, que des ouvrages en terre construits légèrement, et qu'à tenir l'ennemi éloigné ; si, *en outre*, on se rappelle que l'obus lancé par le canon de 24 court chargé de deux livres de poudre produit, comme on l'a prouvé dans la première section, plus d'effet que le canon de 24 long tiré à boulet avec 8 livres de poudre, contre des ouvrages en terre, et qu'il remplace parfaitement les obusiers, on n'aura aucun motif d'employer, pour la défense des ouvrages de fortification, d'autres bouches à feu que le canon de 24 court construit pour la charge de 2 livres de poudre.

Si maintenant l'obus de 7 liv., d'après les principes énoncés, produit un effet suffisant pour démolir des ouvrages en terre, il aura la même puissance contre des ouvrages qui ne permettent que le tir courbe ; par conséquent le mortier à moins de 7 liv. remplira cet objet.

D'après cela, en ne perdant pas de vue que les fusées incendiaires, recommandées particulièrement par M. Hoyer pour la défense des places, remplacent les obusiers, et en conservant le rapport fixé ci-dessus pour le nombre des bouches à feu d'un front de fortification construit d'après la nouvelle méthode, on aura pour la défense de ce front :

135 canons de 24 de 12 calibres de longueur,
dont 2/3 construits pour la charge de 2 livres,
et 1/3 pour celle de 4 livres.
Ces derniers principalement destinés au tir à mitraille.
70 mortiers à main de 7 liv. au lieu de 36 obusiers, 200 artilleurs destinés à manœuvrer les fusées incendiaires.

La simplicité de cet équipage d'artillerie, jointe à une moindre consommation de poudre, n'est pas à dédaigner ; d'autant mieux qu'on en obtient le même effet que d'un équipage beaucoup plus compliqué, comme on l'a prouvé dans les première et deuxième sections.

QUATRIÈME SECTION.

PERSONNEL ET CHEVAUX.

§ 10.

Considérations générales.

Comme la composition du personnel d'un corps, surtout en officiers et sous-officiers, sera toujours locale, on se bornera à déterminer seulement ici ce qui est nécessaire pour le service et le transport des bouches à feu, ainsi que des munitions qui leur sont nécessaires, d'après les idées reçues, ce qui nous permettra d'établir un comparaison entre l'organisation existante et celle proposée, sous le rapport des dépenses et de l'entretien de tous les objets nécessaires.

On ne s'occupera pas ici de la comparaison des frais d'entretien de ce qui existe avec ceux de l'organisation proposée, parce que les prix des divers articles dépendant des localités sont différents dans chaque artillerie.

§ 11.

Personnel et chevaux nécessaires à l'artillerie de campagne.

On a vu dans la troisième section que le 8e corps d'armée de la Confédération germanique a, y compris la réserve :

Pour l'artillerie à cheval.

21 canons de 6 liv.
3 obusiers de 7.
3 — de 10.

Pour l'artillerie à pied.

16 canons de 6 liv.
25 — de 12.
6 obusiers de 7.
5 — de 10.

Et pour le service et le transport d'une bouche à feu, 33 hommes; par conséquent, 2,673 pour la totalité de l'équipage.

Maintenant, si, d'après l'usage généralement adopté jusqu'à présent, les pièces de l'artillerie à cheval et les bouches à feu pesantes servies par l'artillerie à pied sont attelées à 6 chevaux, et que les pièces légères de l'artillerie à pied le soient à 4, le nombre de celles indiquées ci-dessus exigera 442 chevaux de trait.

Mais, d'après les déterminations présentées dans la première section, et qui sont déduites de l'expérience et de la théorie, ce nombre de chevaux ne suffira pas pour donner à l'artillerie de campagne la mobilité suffisante pour que l'artillerie à pied suive tous les mouvements de l'infanterie, et y résiste aussi longtemps; car un affût de campagne de 12, construit d'après les mêmes principes que celui de 6, et dont par conséquent toutes les parties sont proportionnellement plus fortes, et par suite le diamètre des fusées, exigera une force de tirage plus grande pour être mis en mouvement sur une plate-forme horizontale.

Or, si l'on attelle le canon de 12 avec 6 chevaux, on suppose nécessairement qu'un cheval de cet attelage exerce plus d'effort que celui d'un attelage à 6 chevaux chargés de traîner un canon de 6. Par conséquent le premier n'aura pas toute la mobilité nécessaire pour satisfaire à toutes les exigences dont il a été question dans la première section. D'après les principes que j'ai développés dans mon ouvrage sur le système d'artillerie, et d'après cette observation que les roues d'une voiture s'enfoncent dans le terrain suivant une proportion plus forte que l'augmentation de la charge et par suite que la force de tirage doit suivre cette proportion, on sent pourquoi l'artillerie à pied servant des pièces de 12, s'est opposée aux mouvements rapides de l'infanterie dans les dernières guerres, surtout dans les opérations stratégiques, et pourquoi on les a perdues dans les retraites précipitées.

Si les obstacles du terrain ont quelquefois obligé l'artillerie à cheval à remplacer l'artillerie à pied dans le service des pièces légères, c'est qu'autrefois chez quelques nations, les canons de 6 de l'artillerie à pied n'étaient attelés que de 4 chevaux ; ce qui obligeait ces derniers à un plus grand effort de tirage que dans l'artillerie à cheval.

La vérité de ce qui vient d'être dit doit encore ressortir de ce que l'artilleur qui suit à pied sa bouche à feu, a la même mobilité que le fantassin ; par conséquent l'artillerie à pied ne sera jamais un obstacle aux mouvements de l'infanterie, lorsque ses attelages seront les mêmes que ceux de l'artillerie à cheval. Une autre cause qui fait que l'artillerie à pied embarrasse encore les mouvements de l'infanterie, pourrait bien venir de ce qu'en général, en temps de paix, on ne lui accorde pas d'attelage comme à l'artillerie à cheval, d'où il résulte que son instruction est plus négligée. Il n'en est pas de même en France. Cette artillerie occupe donc encore aujourd'hui le premier rang.

L'infanterie aurait pu certainement compter sur de plus grands résultats si, pour toutes les circonstances, l'artillerie à pied eût été attelée, instruite et exercée comme l'artillerie à cheval.

Dans l'armée wurtembergeoise l'artillerie à pied est attelée comme l'artillerie à cheval, et les officiers sont montés.

D'après les décisions de la Confédération germanique, l'artillerie de campagne du 8e corps compte :

Pour un canon de	6 liv.	520 coups dont 1/4 à 1/6 en boîtes à mitraille.
—	de 12.	450 id. sur 2 coups, 3 étoupill. ou fusées d'amorce.
— un obusier de	7.	350 — 3 — 1 lance à feu.
—	de 10.	350 — 100 — 6 livres de mèches.

Ce qui établit la proportion suivante :

Bouches à feu.	Coups.	Fusées d'amorce.	Lances à feu.	Paquets de mèches.
37 canons de 6 liv.	19,240	28,860	6,413	192
25 — de 12.	11,250	16,875	3,750	112
9 obusiers de 7.	3,150	4,725	1,050	31
10 obusiers de 10.	3,500	5,250	1,166	35
81	37,140	55,710	12,379	370

Les 2/3 de cet approvisionnement doivent suivre l'armée, et sont mobilisés à cet effet par des attelages particuliers; le dernier tiers est en dépôt sur les derrières.

Ainsi le 8e corps d'armée de la Confédération germanique traîne à sa suite, en matériel de campagne, tant dans les batteries que dans les réserves mobiles;

Savoir :

Bouches à feu.	Coups.	Fusées d'amorce.	Lances à feu.	Paquets de mèches.
37 canons de 6 liv.	12,826	19,240	4,276	64
25 — de 12.	7,500	11,250	2,500	37
9 obusiers de 7.	2,100	3,150	700	0
10 — de 10.	2,332	3,500	776	22

Le système anglais permet de traîner la même quantité de munitions avec une force de tirage bien moindre.

Un affût de 6 de l'artillerie de *Nassau* porte sur son avant-train et sur son essieu (*Achsstock*) 52 coups. Le caisson à munitions qui le suit et qui est construit d'après le système anglais, en porte 120; par conséquent un canon de 6 a avec lui 172 coups.

L'affût de l'obusier de 7 liv. porte 20 obus et son caisson 70; ainsi cette bouche à feu a 90 coups à tirer Le caisson à munitions de 6, et celui de l'obusier de 7 liv. sont également chargés.

Quant à l'affût de 12, son avant-train ne porte que 20 boulets ou boîtes à balles, et 24 charges tout au plus, outre 4 boulets dans le coffret placé sur son essieu. Le caisson de 12 ne porte que 70 coups comme celui de l'obusier; par conséquent le canon de 12 sera approvisionné à 94 coups.

L'obusier de 10 liv. n'aura que 62 coups, tant sur l'affût que dans le caisson.

Si l'on veut que l'artillerie de campagne traîne à sa suite la moitié de son approvisionnement (1), les

(1) C'est-à-dire le tiers de l'approvisionnement général. T.

voitures de la première ligne, construites d'après le système anglais seront :

37 canons	de 6 liv.	et 37	caissons du même calibre.
25 —	de 12	et 40	—
9 obusiers	de 7 liv.	et 12	—
10 —	de 10	et 19	—

L'attelage des caissons à munitions de l'artillerie à cheval étant de 6 chevaux, il faudra à cette dernière 210 chevaux de trait. Celui de l'artillerie à pied l'étant avec 4 chevaux, il en faudra 292 à celle-ci, et par conséquent 502 pour la totalité.

Mais il restera encore à conduire avec la réserve, savoir :

6,413 coups de 6 à 8 liv. ou	51,304 livres.
3,750 — de 12 à 15 liv. ou	56,250
1,050 — d'obusiers de 7 à 16 liv.	16,800
1,166 — — de 10 à 22 liv. 1/2.	26,235
Poids total	150,589

Que l'on prenne pour le transport de ces munitions des voitures ordinaires de roulage qu'on obtiendra au moyen de marchés passés avec des entrepreneurs, ces voitures étant attelées à 6 chevaux, et chaque cheval traînant la valeur de 600 livres de poids, non compris les lances à feu, étoupilles, etc., ni les caisses qui renferment ces munitions, il faudra 41 voitures et 251 chevaux. Si l'on compte d'après les dispositions arrêtées et suivies jusqu'à présent, pour le service d'une bouche à feu de l'artillerie à cheval, 9 hommes, dont deux pour tenir les chevaux, deux pour le service d'un caisson à munitions, et deux sous-officiers pour la surveillance de l'un et de l'autre, il faudra pour les 29 bouches à feu de l'artillerie à cheval 377 hommes.

Et l'artillerie de campagne du 8e corps aura :

81 bouches à feu.
108 caissons à munitions.
41 voitures à munitions de réserve.

Total 230 voitures, 2,673 hommes et 1,572 chevaux.

Suivant la nouvelle organisation développée dans les § 1 et 7, l'artillerie compte pour 2,000 hommes 3 pièces de 24 et 40 artificiers destinés à servir les fusées incendiaires. Ainsi, pour un corps d'armée de 31,386, il faudra, y compris la réserve, 47 canons de 24 et 627 artificiers.

Pour se conformer aux principes développés dans mon ouvrage sur le matériel d'artillerie, et dans cet opuscule § 2, toutes les bouches à feu doivent être attelées à 6 chevaux.

Ainsi, pour le transport du nombre de bouches à feu ci-dessus, il faudra 282 chevaux.

On peut compter 500 coups par pièce ; ce nombre est d'autant plus suffisant, que suivant ce qui a été dit dans mon ouvrage sur le matériel d'artillerie (1), la consommation d'un canon de 6 de l'artillerie à cheval qui devait remplacer presque toujours l'artillerie à pied, pendant les campagnes de 1812 et 1814, n'a jamais été au-delà : et le coup à obus promet un effet à peu près double de celui d'un boulet de 6.

On compte pour un artificier 24 fusées incendiaires ; or, pour 47 canons de 24, on a 23,500 coups ; pour 627 artificiers on aura 11,280 fusées de 6 liv. ou de

(1) Nous nous sommes procuré cet excellent ouvrage. Nous nous occupons de sa traduction pour le livrer au public. T.

2 pouces 1/2 de diamètre, en admettant que le terrain ne permette pas de placer la fusée, et par conséquent qu'il faille un homme sur 4 pour porter le chevalet qui, d'après *Hoyer*, ne pèse pas plus qu'un fusil ordinaire d'infanterie; on aura ainsi en totalité 34,780 coups à tirer, nombre de projectiles qui correspond parfaitement à la détermination de la Confédération germanique pour le 8e corps d'armée.

Si maintenant on laisse 1/3 de ces munitions dans un dépôt permanent pour remplacer celles qui sont consommées, qu'un autre tiers suive immédiatement les bouches à feu et les artificiers (le surplus étant traîné à la suite pour être en réserve), et qu'avec cela on conserve le système anglais,

Les 47 bouches à feu auront avec elles, à raison de 20 coups,	940 coups.
Les 99 caissons qui suivent à 70 coups,	6,893 id. (1).
Les 34 voitures de réserve à 230 id.,	7,833 id.
Les 627 artificiers,	1,413 fusées
Les 20 caissons qui suivent à 120 coups,	2,347 id.
Les 9 voitures de réserve à 418 coups,	3,760 id.

Les 99 caissons de la première ligne chargés d'obus attelés à 6 chevaux chacun, exigeront par conséquent 594 chevaux.

Les 20 caissons pour fusées attelés à 6 chevaux, exigeront 120 chevaux.

D'après les proportions adoptées, le grand parc compterait 43 voitures qui, attelées à 6 chevaux, feraient 258 chevaux de trait. Comme il faut une voiture pour chaque bouche à feu et pour 60 artificiers, il y aura

(1) Nous ignorons si l'auteur s'est trompé dans son calcul ou s'il y a faute d'impression; dans tous les cas, les différences sont peu de chose. T.

62 caissons à munitions près du gros de l'armée qui formeront un parc léger près des batteries. Ce parc portera les munitions et les accessoires nécessaires pour leur service, ainsi que pour celui des fusées incendiaires.

En parlant des principes exposés à ce sujet, dans mon ouvrage déjà cité sur le matériel de l'artillerie, le canon de 24 court est servi par 5 hommes, plus un homme pour tenir les chevaux, ce qui fait 6. Si l'on ajoute un sous-officier par pièce pour la surveillance, on aura 7 chevaux de selle par bouche à feu, et pour 47 pièces 329 chevaux. On admet ici que tout le personnel de l'artillerie soit à cheval afin que l'artillerie de campagne, dont le nombre des bouches à feu est diminué, réunisse la plus grande utilité possible; car les opinions sur les différentes artilleries à cheval, montées et à pied, sont très divergentes, et parmi elles la plus générale est pour l'artillerie à cheval. Cet objet est examiné avec plus de détail dans l'ouvrage cité plus haut.

Dans le matériel anglais, les canonniers à cheval qui transportent les munitions du caisson à la bouche à feu sont inutiles, car l'avant-train de la pièce peut très promptement être remplacé par celui du caisson; ce dernier pouvant aussi facilement que l'affût être séparé de son avant-train.

D'après le projet qui vient d'être présenté, l'artillerie de campagne du 8e corps d'armée de la Confédération germanique aurait :

47 bouches à feu, 119 caissons à munitions, 43 voitures de réserve,	1,513 canonniers. 627 artificiers pour les fusées.

Total 209 voitures, 2,140 hommes et 1,583 chevaux.

La nouvelle organisation projetée présente donc sur l'organisation existante l'avantage de 21 voitures et 533 hommes de moins avec un nombre égal de bouches à feu, une plus grande mobilité, et un plus grand effet. A la vérité, il lui faut 11 chevaux de plus; mais les voitures sont toutes également mobiles et peuvent être employées dans toutes les circonstances.

On pourrait objecter, pour diminuer la confiance qu'inspirent les effets de l'obus, comparé aux boulets de 6 et de 12, la lenteur du tir du premier; mais l'expérience suivante répond, à cet égard, victorieusement en sa faveur. On a tiré sur un but avec des bouches à feu attelées pour opérer des mouvements de tactique. Il a fallu, à partir du moment où l'on a donné l'ordre d'ôter l'avant-train, jusqu'à celui où l'on a tiré le premier coup, savoir :

Avec le canon de 6, de 3/4 à 1 minute.
— de 12, de 1 min. 1/2 à 1 min. 3/4.
Avec l'obusier de 10, de 1 min. 1/2 à 1 min. 3/4.

Et l'avant-train étant ôté, on a mis pour tirer 6 coups savoir :

Avec le canon de 6, de 2 minutes 1/2 à 3 minutes.
— de 12, de 3 minutes.
Avec l'obusier de 10, de 3 minutes 1/2 à 4 minutes.

Il est évident d'après cela que le tir courbe avec des obusiers n'exige pas un temps considérablement plus long que le tir de plein fouet avec des canons de 6 et de 12. Mais en outre, il est à remarquer que le temps nécessaire pour charger avec les canons de 24 courts est encore diminué parce que la charge et le projectile sont comme dans le système anglais, et qu'ils peuvent être introduits l'un après l'autre.

Si l'on objectait encore que dans cette manière de charger, la fusée n'est pas toujours dans l'axe de l'âme, et qu'elle n'est même pas toujours visible de la bouche, les expériences faites à Mayence, où l'on a donné aux fusées d'obus toutes sortes de positions, même une position contraire à celle qu'on leur donne ordinairement, lèveraient cette difficulté. En effet, ces fusées ont toutes pris feu; ce qui prouve suffisamment que la position adoptée pour la fusée n'est pas indispensable, et qu'on peut la placer à volonté.

D'après les principes développés au § 7, et dans mon ouvrage déjà cité sur le matériel d'artillerie, il n'y a aucune bouche à feu en réserve.

Cependant, par suite des mêmes principes, on ne peut en manquer, soit par la perte en infanterie et en cavalerie qui augmente la proportion de l'artillerie, soit par les bouches à feu sans chevaux qui sont dans les dépôts, et qu'on peut en partie traîner comme réserve à la suite de l'armée ; seulement dans ce dernier cas on manquera de munitions ; mais pour obvier à cet inconvénient, on devra en faire un approvisionnement plus considérable.

Nous renvoyons à cet égard à ce qui a été dit dans l'ouvrage mentionné plus haut sur le matériel d'artillerie.

§ 12.

Personnel et chevaux nécessaires à l'artillerie de siége.

D'après ce qui a été dit à la troisième section, le 8e corps d'armée de la Confédération germanique compte dans son parc de siége, y compris la réserve, 20 bouches à feu, savoir :

2 canons de 12 liv.
5 — de 18.
3 — de 24.
3 obusiers de 10.
2 mortiers de 10.
2 — de 30.
2 — de 48.
1 — de 60.

Si l'on adopte les fixations antérieures sur le personnel, qui établissent à 33 le nombre d'hommes nécessaires pour le service et le transport d'une bouche à feu ainsi que pour le transport de ses munitions, on aura 660 hommes pour le service de ces 20 bouches à feu.

Si l'on admet enfin q.e le canon soit monté sur l'affût plein français au moyen duquel les chariots porte-corps deviennent inutiles pour ces pièces et que les mortiers soient transportés par des voitures construites d'après le système de Tempelhof, il sera nécessaire d'employer pour le transport de ces bouches à feu, savoir :

Pour	2 canons	de 12	attelés à 6 chevaux,	12 chevaux.
—	5	de 18	à 8	40
—	3	de 24	à 8	24
—	3 obusiers	de 10	à 4	12
—	2 mortiers de 10 sur une voiture		à 4	4
—	2	de 30	à 6	12
—	2	de 48	à 8	16
—	1	de 60	à 8	8
Totaux	20 bouches à feu.			128 chevaux.

D'après les décisions de la Confédération germanique, l'artillerie de siége du 8e corps doit avoir par pièce, savoir :

Pour le canon de 12,	1,000 coups à boulet.	
—	—	30 boîtes à balles.
—	de 18,	1,000 coups à boulet.
—	—	20 boîtes à balles.
—	de 24,	1,000 coups à boulet.
—	—	20 boîtes à balles.

On compte en outre pour les canons de 12 et de 18 $\frac{1}{10}$e de gargousses en sus du nombre des boulets, et pour les canons de 24, 200 gargousses pour 3 pièces en sus du nombre des mêmes projectiles.

Pour l'obusier de 10 liv. 800 obus.
— — 20 boîtes à balles.

Et pour 3 obusiers, 100 charges en sus du nombre des obus.

Pour le mortier de 10 liv.	500 bombes	Toujours 100 gargousses en sus du nombre des projectiles.
— de 30.	800	
— de 48.	600	
Mortier-pierrier de 60.	400 coups.	

D'après cela, on a en munitions l'approvisionnement suivant, savoir :

2,060 coups de canon de 12, à 4 livres de charge avec 200 gargousses en sus.	33,760 liv.
5,100 coups de 18, à 5 livres, et 500 gargousses en sus.	119,800
3,060 coups de 24, à 8 livres, et 200 gargousses en sus.	99,520
A reporter	253,080

Report	253,080 liv.
2,400 coups d'obusier de 10 livres, à une livre de charge, poids moyen, et 100 charges en sus.	55,300
60 boîtes à balles d'obusier de 10 liv. à 2 livres.	1,500
1,000 bombes de 10 liv. à 1 liv. de charge, poids moyen, et 100 charges en sus.	24,100
1,600 bombes de 30 liv. à 2 liv. poids moyen, et 100 charges en sus.	115,400
1,200 bombes de 48 liv. à 3 liv. poids moyen, et 100 charges en sus.	113,100
Total du poids	562,480
En supposant que pour le pierrier les paniers soient remplis dans la place de dépôt, et que leur plus forte charge soit de 8 liv., ainsi que le poids du panier vide, on aura pour 400 coups à 16 liv.	6,400
Ce besoin de munitions portera le poids total à	568,880

En se conformant à ce qui a été adopté dans le § précédent sur le transport des munitions de réserve de l'artillerie de campagne, il faudra pour celui des munitions de l'artillerie de siége 156 voitures attelées à 6 chevaux, et par conséquent 936 chevaux.

L'artillerie de siége du 8ᵉ corps d'armée aura donc, d'après l'organisation existante, pour 20 bouches à feu 156 voitures à munitions de réserve, et en totalité 176 voitures, 660 hommes et 1,064 chevaux.

Suivant les principes développés dans les première et deuxième sections, l'artillerie de siége d'un corps d'armée de 31,386 hommes compte, d'après le § 8,

8 canons de 24, de 12 calibres de longueur construits pour une charge de 4 livres.

5 mortiers de 30 liv.

Mais comme il a été prouvé dans la première section que ces canons de 24 ne sont pas plus pesants que les canons de 12 de l'artillerie de campagne, si on les attelle à 6 chevaux, ils auront toute la mobilité nécessaire, et par suite ce nombre de bouches à feu exigera pour leur transport 98 chevaux (1).

Si l'on compte aussi pour chaque canon de 24 1,020 boulets, et pour chaque mortier de 30 liv. 800 bombes, on aura :

8,150 coups de 24, à 4 liv. de charge et 800 gargousses en sus qui feront un poids de	231,680 liv.
4,000 bombes de 30 livres, à 2 livres de charge moyenne.	288,600
Total	520,280

D'après ce que nous avons vu plus haut, il faudra pour le transport de ces munitions 144 voitures à 6 chevaux, ou 864 chevaux.

Par l'organisation proposée, l'artillerie de siége d'un corps d'armée fort de 31,386 hommes, aurait :

15 bouches à feu (2).
144 voitures à munitions de réserve.

159 voitures, 495 hommes et 962 chevaux.

(1) L'auteur y comprend sans doute 3 canons de 24 courts construits pour la charge de 2 livres qui manquent dans son équipage de campagne pour en porter le nombre à 50, comme il est dit au paragraphe S, et encore il y aura 2 chevaux de trop. T.

(2) Il faut lire 16 bouches à feu, si la note précédente exprime bien la pensée de l'auteur. Mais alors il faudra compter 160 voitures et 528 hommes au lieu de 159 voitures et 495 hommes. Il paraît, au reste, que ses calculs ont été faits avec bien peu de soin, car ils sont pleins d'inexactitudes. T.

Par suite de ce qui a été dit dans les première et deuxième sections, cette artillerie produirait tout l'effet nécessaire, et elle procurerait une économie de 17 voitures, 165 hommes et 102 chevaux.

Ce matériel et ce personnel suffiront d'autant mieux que, d'après le § 2, on peut employer les avant-trains et voitures des canons de 24 des batteries pour le transport des munitions du dépôt principal aux magasins de tranchées.

§ 13.

Personnel et chevaux nécessaires à l'artillerie de place.

Comme l'état du personnel et des chevaux nécessaires à l'artillerie de place dépend des localités; que ces localités sont toujours différentes pour chaque place et qu'on n'a rien arrêté à ce sujet, on doit se borner à établir une comparaison entre l'organisation existante et celle qui est proposée, sous le rapport des dépenses; du nombre et de l'espèce des bouches à feu employées; du besoin de munitions et de leur transport dans les ouvrages de fortification, en s'appuyant sur les données du § 9.

TABLE DES MATIÈRES.

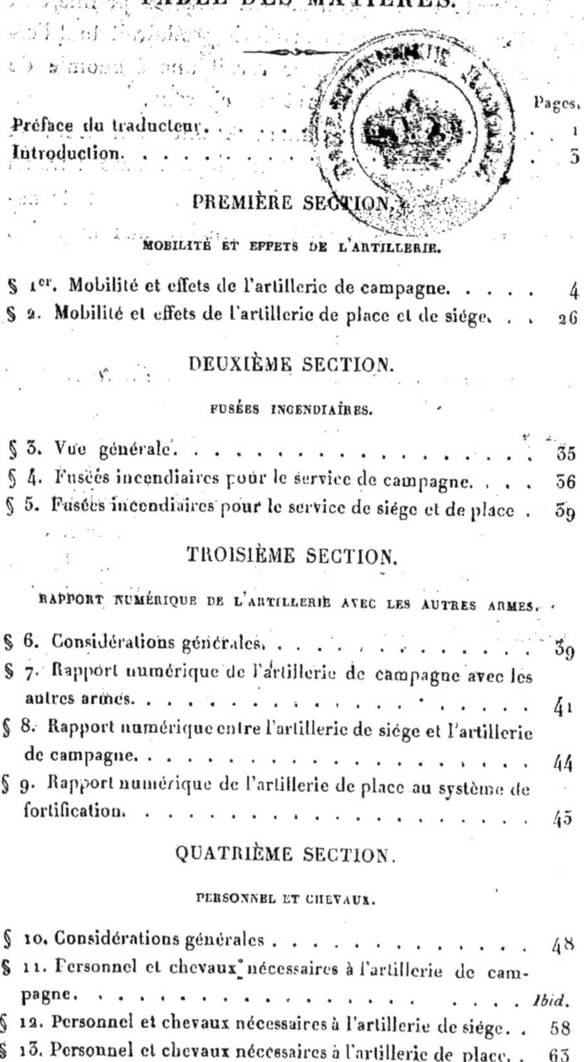

www.ingramcontent.com/pod-product-compliance
Ingram Content Group UK Ltd.
Pitfield, Milton Keynes, MK11 3LW, UK
UKHW020326220726
13923UKWH00003B/1386

9 782329 055800